停止精神内耗，过不焦虑的人生

黄鸿 ———— 编著

民主与建设出版社

·北京·

图书在版编目（CIP）数据

停止精神内耗，过不焦虑的人生 / 黄鸿编著.
北京 : 民主与建设出版社, 2025. 1. -- ISBN 978-7
-5139-4812-8

Ⅰ. B842.6-49

中国国家版本馆CIP数据核字第2024Y26Z27号

停止精神内耗，过不焦虑的人生

TINGZHI JINGSHEN NEIHAO GUO BUJIAOLÜ DE RENSHENG

编　　著	黄　鸿
责任编辑	廖晓莹
封面设计	于　芳
出版发行	民主与建设出版社有限责任公司
电　　话	（010）59417749　59419778
社　　址	北京市朝阳区宏泰东街远洋万和南区伍号公馆 4 层
邮　　编	100102
印　　刷	三河市天润建兴印务有限公司
版　　次	2025 年 1 月第 1 版
印　　次	2025 年 3 月第 1 次印刷
开　　本	710 毫米×1000 毫米　1/16
印　　张	14
字　　数	138 千字
书　　号	ISBN 978-7-5139-4812-8
定　　价	49.80 元

注: 如有印、装质量问题，请与出版社联系。

前言

现代社会节奏快、竞争激烈、压力大。在如此境况之下，有些人出现焦虑、紧张、愤怒、沮丧、悲伤等负面情绪。这些负面情绪，对个体产生严重的内耗，日常表现为疲惫、萎靡、无精打采等状态。这种内耗在心理学上称为“精神内耗”。

精神内耗又称心理内耗，是指个体在自我控制过程中消耗的心理资源。当心理不足以为自我控制提供相应的资源时，人就处于内耗状态。长此以往，对个体发展极为不利，主要表现为犹豫不决、做事拖拉、过度担忧、追求完美、睡眠质量差、迷茫等。

形象地说，精神内耗就像两个顽皮的小孩在你的精神世界中吵架。一个小孩举起棍子去打枝头的青杏，另一个小孩扯住拿棍子的小孩的胳膊，说不要打那些青杏，它们还没成熟，非常酸涩，不能吃。拿棍子的小孩偏偏不听，说青杏好吃，非要打下来一饱口福。一个说不能吃，另一个说好吃，两个小孩各抒己见，在你的精神世界里吵吵闹闹、拉扯不断。这个过程会消耗你大量的心理资源。在这一物象比喻中，想吃青杏的小孩代表负面情绪，说青杏不能吃的小孩代表正面情绪。当负面情绪占主导地位时，个体将失去前进的动力，对未来不抱希望，整天无精打采；当正面情绪占主导地位时，人将充满信心，能以饱满的激情应对工作、生活中的种种竞争和压力，对未来充满希望。

试想，一个人整天处于精神内耗的状态之中，理想不过是一纸空文，甚至会产生厌世的念头。要想有所成就，过自己想要的生活，就必须停止精神内耗，不让焦虑、紧张、沮丧等负面情绪缠绕着你，你才能把全部精力集中在想做的事情上。

停止精神内耗，并不是一个复杂的过程，也并非难做的事情，它需要我们正确认识负面情绪及其产生的连锁效应，然后用正确的方法将其转变，如此一来，无论是工作还是生活，我们才能在积极的状态中有所收获，才能不焦虑。

本书从缓解焦虑、不必计较、停止抱怨、远离烦恼、驾驭欲望、戒除拖延、正视恐惧、正视完美、不要生气、珍惜当下等十个方面，彻底对心灵进行一次大扫除，让人们突破自我。本书能给每一位出现精神内耗的读者提供有益、有效的帮助，让人们正确理解和识别产生焦虑的原因，以及如何管理负面情绪。通过阅读本书，可以在潜移默化中提升认知、改变思维，当出现精神内耗时，不是逃避而是从容应对。生命只有一次，没有剧本、没有彩排，每一次行为都是实时直播，每一分钟都不可能重新再来。停止精神内耗，对事业而言，可使你有充足的精力去为之打拼；对人际关系而言，可使你与他人相处得更加和谐融洽；对生活而言，不焦虑，你才能在从容淡定中享受生命中的种种愉悦与美好。

本书中所涉及内容，既是调心之本，也是精进之源，更乃人生之悟。语言流畅自然，不会给读者造成阅读障碍；理论浅显易懂，将专业知识通俗化，易于读者轻松掌握；案例生动实用，利于读者进行实操。

由于时间仓促以及作者水平有限，书中的诸多观点可能会存在一些不当之处，敬请各位读者批评指正。

目录

第一章

缓解焦虑：心静的人不惧喧嚣

什么是焦虑？焦虑是一种情绪障碍，主要表现为过度担忧、紧张不安、恐惧及身体症状如心悸、出汗、失眠等。焦虑严重影响人际关系、事业发展、日常生活等方方面面。正确认识焦虑，你会发现，生活其实并没有那么糟糕，不必为此焦虑不安。

内心与现实发生冲突，焦虑必然紧随其后

心理学家认为，焦虑是一种常见的情绪状态，像空气一样无所不在，还会伴随着人的心理状态不断地扩散和蔓延。如果你正为焦虑所困，不必为此担惊害怕，我们每个人都曾焦虑，或重或轻，只要正确认识它，调整好心态，就可以减轻焦虑。

20 世纪心理学家、精神分析师弗洛伊德发现了焦虑与恐惧之间的密切联系。他指出，焦虑的形式多样，但都源于“冲突”，或自身内部的冲突，或自身和外部世界的冲突。他认为，人格结构分为三个层次，其中低层的是本我，中间层的是自我，最高层的是超我。

本我是潜意识中的行为驱动者，它遵循着快乐原则，如同一个装满着本能和欲望的大缸，是追求即时满足和眼前利益的驱动力。

自我则代表理性和机智，位于本我和超我之间，如同一个调解者，负责监管本我的行为，其大量的精力都花在抑制和控制这些行为上。用一个形象的比喻来说就是：本我是一匹马，自我则是驾驭它的马车夫。马提供动力，而马车夫指引方向。当马变得难以驾驭时，会与马车夫产生冲突，这时候就需要一方让步。自我就像一个夹在外部世界、本我和超我之间的调停者，不断地平衡这三者之间的关系。

超我是人格的高层领导，代表着良心、道德、自我理想和社会准则，类似于严厉的家长，以追求善行为原则，约束本我，指导自我。

弗洛伊德认为，只有当本我、自我和超我和平共处时，一个人才能处于健康的发展状态；当三者之间失去平衡，长时间处于争吵状态时，就会产生冲突，导致神经症的产生。例如，一个人第一次想偷东西时，“偷还是不偷”，内心会产生欲望和道德之间的冲突；一个贪玩的学生在“玩还是做作业”的选择上，会出现即时满足和延时满足之间的冲突；一个计划旅行的人在“是为了省钱坐动车，还

是为了省时间坐飞机”时，也会产生金钱和时间之间的冲突。根据产生冲突的原因不同，焦虑可分为如下三种。

1.现实焦虑：自我与现实间的冲突

记忆、情感、意识、思想、感觉等这些日常活动通常都在自我的管理之下。在三个“我”中，自我与外界发生直接联系，当我们察觉到外部环境可能带来威胁时，自我会迅速做出反应，激发身体各系统迅速进入自卫状态。这种反应就是我们所说的现实焦虑，是我们对外部威胁的担心引发出焦虑。比如担心无法完成作业，或工作未完成害怕受到上司的批评，等等。

在人类进化的过程中，为了增加生存的可能性，逐步养成对潜在危险产生焦虑的本能。因此，适度的现实焦虑对我们是有益的，可以促使我们采取行动。相较于那些不焦虑的人，适度焦虑的人在工作效率和质量上往往能有更好的表现。

2.道德焦虑：自我与超我间的冲突

超我承担着产生内疚感和羞愧感这两种情绪的角色，它不是与生俱来的特质，而是在我们成长过程中受到外部环境影响而逐步形成的。例如，在幼年时期，我们做错事情时，父母充当了道德的裁判者，他们的惩罚会让我们害怕，这种对惩罚的恐惧最终演变成我们内心的超我。

当自我的某些想法违反道德标准时，超我会通过激发内疚感和羞愧感来对自我进行惩戒。在所有情绪中，羞愧感被认为是最令人不悦的。出于对惩罚的恐惧，当我们的想法触犯道德规范时，自我会迅速做出反应，启动个体的防御机制和保护系统。这种反应就是所谓的道德焦虑。

3.神经性焦虑：自我和本我间的冲突

神经性焦虑在某种程度上是建立在现实焦虑的基础之上，它是三种焦虑中最为复杂而神秘的一种。当我们的本能感觉到现实中可能会发生危险，或者本能产生的欲望过于强烈，以致自我将无法控制或受到伤害时，为了避免这类事情的发生，自我会发出警示信号，即焦虑。

之所以“复杂而神秘”，是因为这样一种现象：尽管我们尚未面临实际的危险或恐惧，但这些潜在的威胁仍然存在于潜意识中，也就是我们的本我中，对这些潜在威胁的焦虑感觉难以解释，甚至自己都不清楚为何而焦虑。

总的来说，焦虑本身并不直接导致疾病，但在应对焦虑的过程中，我们的行为反应可能会引发健康问题。过度的焦虑不仅与焦虑症有关，还与强迫症、恐惧、人格障碍等有所联系。

引起焦虑的风险源自我们内心深处或现实生活，这些风险是实际存在的，但也可能仅仅是我们记忆中的，甚至可能完全是我们想象的。无论是哪一种焦虑，都具有一个共同的功能，那就是预警潜在的危险，从而起到保护自己的作用。

焦虑，是因为追求的太多

我们之所以痛苦，无法摆脱焦虑的困扰，很大程度上是因为追求过多。在人生旅途中，不是所有事情都能如愿以偿。我们不应该因失去什么而感到不幸，要明白在这个世界上，名利并不总是能双收，正如不能同时拥有鱼与熊掌一样，为了获得某些东西，必须学会选择，有所放弃。有些梦想无法实现，有些东西永远无法拥有，有些事情一旦结束就不可能重来，有些人最终会从熟悉变为陌生。如果继续固执地追求，不愿面对现实，只会错过当前的幸福。

其实，焦虑并不是别人造成的，归根结底都是自己制造的。

有一个年轻人长期受到焦虑的折磨，为此他找到一名智者，希望智者能帮他解决问题。

听完年轻人的遭遇后，智者并没讲太多的大道理，而是递给他一个背篓，让他背在肩上，并指向远方山脚下的一条石子路说："你走向山脚，每迈出一步，就捡起地上的一块小石头放入背篓中，然后回来告诉我你的感受。"

年轻人按照智者的指示，向山脚走去。路途看似遥远，但年轻人很快便走到终点。

"你感觉如何？"智者问道。

年轻人说："实在太沉重了，肩上的背篓变得越来越重，让我几乎喘不过气来，如果再远一点，恐怕就无法坚持了。"

"这也是你感到生活越来越沉重的原因。当我们来到这个世界时，每个人都是一个空篓子，里面一无所有。然而伴随着成长，我们对各种东西的渴望越来越多，每走一步都要捡起一样东西放进篓子里。因此，我们会变得疲惫不堪。有时人们甚至执迷不悟，害怕错过某样东西，不惜回头去追求，结果只会让自己更加疲惫。"智者说。

年轻人问："难道没有减轻负担的方法吗？"

“你愿意放弃事业、爱情、亲情或友情中的某一样吗？”智者问道。年轻人沉默不语，显然他不愿意放弃任何一样。

见年轻人沉默不语，智者继续说道：“每个人的篓子里都会装有必要的东西，这些重量我们可以承受。如果想要装进金钱、权势等过多的东西，情况就不同了。你会累得直不起腰，只要稍微加快脚步，就会感到无法呼吸。”

年轻人听完智者的话，顿时有所感悟。他谢别智者，回去后为自己的心灵减负，把不必要的想法和欲望统统从心灵中清除干净。渐渐地，他变得神清气爽，不再被焦虑困扰。

生活中，有错过的遗憾，也有获得时的愉悦。既然已经错过的无法弥补，就不要让它成为负担，否则只会增加焦虑，无法容纳更多的欢乐。

不妨冷静反思一下自己，每天的生活似乎处处充满压力。有饭吃、有衣穿，却发现需要的东西越来越多：肚子饱了，还想吃更好的；有衣服穿了，开始追求名牌；终于买了一辆车，却又想着买更好的；贷款买了房子，还计划着什么时候换成更大的。人的欲望无穷无尽，追求的东西越多，也就越焦虑。

我们来到这个世界时，都是两手空空，却期望抓住更多东西。“更多”成了我们追求的目标，也成了焦虑的根源。我们不断追求，从汽车到洋房，再到别墅，甚至到城堡……然而，能力的增长永远满足不了欲望的升级。结果只会让我们离亲人和朋友越来越远，焦虑也越来越严重。

人活着，要向前看，实际上意味着需要为未来做好准备并制订计划。太多时候太多的人，其追求往往聚焦于金钱上，似乎没有了金钱就无法做任何事。财富没有尽头，追求也永远得不到满足，赚的钱越来越多，但很快又会花掉，然后又开始新一轮的追求。

而真正属于自己的东西，未见得有多么珍惜。我们太自我，对自己投入太多的情感和精力，溺爱自己，甚至宠坏自己。当拥有时，我们想要逃避；当真正失去后，才意识到那才是自己最想要的。

因为追求太多，我们的目光总是投向遥不可及的未来，却看不到身边的美好。在追求的道路上，我们奋勇直前，跌倒了就爬起来，错过了就会苦恼和懊悔，好像我们生存的唯一目的就是被欲望裹挟着，用力让账户上的数字多一点儿、再多一点儿，每天盯着账户上的数字焦虑不已。

年轻时，不懂得珍惜，将时间都花在虚无的追求上。随着年龄增长，手中的东西变得毫无实用价值，新的焦虑又会产生。我们要将目光投向遥远的未来，看到问题的本质。关注家庭和父母，珍惜当下，把幸福握在手中。

适度焦虑能够激发内在动力

心理学家研究表明，焦虑水平与工作效率之间存在密切的联系。无论是焦虑水平过低还是过高，都无法实现最佳的工作效率。只有在适度的焦虑状态下，人们才能达到工作效率的顶峰。因此，焦虑水平与工作效率之间的关系可以描述为一个倒置的 U 形曲线。

适度焦虑可以让人在处理事务时表现得更好，与“不现实乐观主义”心理有关。现实生活中，许多人都倾向于忽视负面信息，更愿意接受符合自己心情需求的信息。但有研究表明，当人们处于焦虑状态时，不现实乐观主义者能够更为客观地接受信息，做出更明智的决策。可见，适度焦虑有助于我们更全面地认识问题，而不仅仅是片面地看事物。

如果找工作的大学生是适度焦虑者，那么就会考虑到许多对自己不利的因素：我写的简历是否足够出色？我需要投递多少份简历才可能获得工作机会？如果我被邀请面试，应该穿什么类型的服装？我应该如何准备面试……适度焦虑可以帮助他们更加客观地看待问题。一般而言，较为敏感的人会更加焦虑，他们会思考许多问题，并为了避免潜在问题的不良影响，提前准备好解决的方案。

焦虑的程度太低，个体缺乏积极性，对改善现状缺少动力；过于焦虑，个体处于持续的紧张状态，会感到疲惫，难以集中精力，并且需要花费时间和精力来应对焦虑情绪；适度焦虑则是一种激励，能够使我们高效率地完成任务。适度焦虑具有以下五大好处。

1.适度焦虑具有积极性

适度焦虑可以成为一种动力，使人们迅速且出色地完成任务。它反映了个人的责任心、积极态度和行动能力，同时也让人们对细节处理得恰到好处。

例 1：一位母亲，担心孩子的成绩不好，每天放学后都会监督孩子按时完成作业。

例 2：一位小学一年级的老师，每天放学后总是等所有学生安全回家后才离开。老师担心自己如果不这样做，孩子可能会出现意外。

2.适度焦虑可以更有效地解决问题

适度焦虑可以使人们更加周全地考虑问题，能够预见到多种潜在的问题，并为之提前制定好应对策略。这样的人通常能够预测到不利的结果，并在行动过程中尽力规避不利的情况。

例 1：一位长者翻新家里的房子，出于安全考虑，会采取更加周密的保护措施。

例 2：一位从事财务工作的专业人士，在处理财务报表时，由于担心出现错误，会仔细检查每一个细节，并进行多次复核。

3.适度焦虑能增强执行力

焦虑与拖延行为往往相互联系，许多拖延的人基本都是严重的焦虑者。适度焦虑可以激发行动力，使人们在工作时更加珍惜时间，因为担心犯错，会投入更多时间来确保工作的质量。

例 1：一位销售人员担心无法达到销售目标，会在每月月初主动与客户进行沟通，以掌握产品的使用情况。他会利用剩余时间寻求新客户，这种做法通常能帮助他保持良好的业绩。

例 2：一位办公室职员，出于对遗漏工作任务的担忧，每天会提前到达办公室并编写工作清单，以此来更有效地完成日常工作。

4.做最坏的打算，做最好的准备

适度焦虑可以转化为前瞻性思维，可以使人们考虑到最不理想的情况：一是担忧的事情并未发生，这自然是最好的结果；二是如果事情真的不如意，也让人有了心理准备，减少了情绪上的冲击。相反，一个人如果没有前瞻性思维，当问题突然降临时，会措手不及，陷入悲伤难过的境地。

例 1：有的人担心家人生病后无力承担医疗费用，便努力工作，积攒资金，并为家人买大病保险。

例 2：有的人担心失业而更加努力地工作，不断提升自己的业务能力，以确保职位的稳定。

5.适度焦虑可以降低坏事发生的概率

适度焦虑可以使人们采取预防措施，降低不良结果发生的概率。

例 1：一位司机，了解到酒驾可能导致交通事故，因此遵守规则，确保不在饮酒后驾驶车辆。

例 2：一个追求健康生活的人，意识到熬夜会损害健康，就不会熬夜。

鲁迅先生说："不满是向上的车轮。"适度焦虑能够使我们认识到不足之处、需要改善的地方。它是一种推动力，当对日常生活或工作感到不满意时，就像一只大手，从背后推着我们前进。

当焦虑进入恶性循环，你要有自我疗愈的本领

焦虑的产生是多种压力共同作用的结果。焦虑是一种复杂的心理状态，源于对某些事物的强烈期望，最终演变为对失去这些期望的过度担忧。焦虑在心理上的表现形式包括烦躁、抑郁和忧虑，同时也会有外在的行为表现，如无精打采、坐立不安、失眠或睡眠中容易惊醒。如果一个人只是短期焦虑，对身心健康、生活和工作的影响并不大；但长期焦虑则会使人体重减轻，甚至诱发疾病，对身心健康造成极大的不良影响。

小李是一位网络编辑。基于工作性质，小李每天都需登录邮箱。每当看到密密麻麻的邮件以及同事传来的各种资料时，就会眼睛酸涩、头晕目眩、心烦意乱。如此情况，不是偶尔现象，而是经常发生，她不得不寻求心理医生的帮助，询问该如何应对。

心理医生告诉小李："你目前出现的状况，不会有多大问题，调整好心态，便可慢慢自我疗愈。有一点需要注意，就是不要让自己陷入恶性循环之中。"

小李听后，轻轻点头表示赞同。心理医生继续说："在日常生活中，有两种力量常常被我们忽视，它们决定着我们的成功和失败，分别是良性循环和恶性循环。比如，一个学生在一次数学考试中取得优秀成绩，得到老师的赞扬，那么在以后的数学课上，他就会更加专注，积极参与课堂讨论，认真完成作业，数学成绩一直保持在班级的前列，这就是良性循环。同样是这名学生，一次考试失利，语文成绩不理想，老师当着全班同学的面批评他，还要求他下次一定要提高语文成绩。结果可想而知，在以后的语文课上，他总是低着头，没有勇气举手回答问题。对他来说，上语文课就像一种折磨，结果不言而喻，这就是恶性循环。因此，他就被这两种完全相反的情况所影响，直接导致严重的偏科现象。这样的例子比比皆是，出现在生活的各个方面。"

小李有所明白，说："我现在陷入了恶性循环之中吧？"

心理医生点点头："你理解得很到位，的确属于恶性循环的范畴。"

小李又说："那么，我该如何走出恶性循环呢？"

心理医生回答道："要想从恶性循环中走出来，步入良性循环之中，需要从事情的初始阶段改变自己的思维方式……"

回去后，小李根据心理医生的指导，渐渐从恶性循环中走了出来。

如果你也陷入焦虑的恶性循环之中，不妨按照下列心理医生告诉小李的方法进行自我治疗。

1.增加自信

自信是治愈焦虑的重要因素。有些人对自己的能力缺乏信心，对自己处理和应对事务的能力表示怀疑，总是觉得自己注定会失败，这就会导致焦虑。因此，焦虑症患者首先需要从增强自信入手，减少自卑情绪。应该相信，只要每增加一点自信，焦虑的程度就会降低一些，当满怀自信时，也就是焦虑消失的时候。

2.自我反省

有些焦虑是由于对某些情绪体验或对欲望的压抑而产生的。尽管它们被压抑到潜意识中，但并不意味着已经消失，其实仍然隐藏在潜意识中。在发病时，患者感到痛苦和焦虑，而不知道是什么原因。在这种情况下，必须进行自我反省，把潜意识中被自我压抑的痛苦说出来，必要时可以选择适度地发泄，发泄后症状通常就会消失。

3.转移注意力

焦虑症患者通常表现为胡思乱想，无法安静。出现这种情况时，可以采用自我激励的方法，转移注意力。例如，去外面跑步或者观看一部有趣的电影，这样就能将自己的思维从痛苦中解救出来，转移到接下来要做的事情上。这样就可以避免胡思乱想，防止产生其他病症，同时也可以提高适应能力。

4.自我催眠

焦虑症患者常常会出现睡眠障碍，难以入睡或者突然从梦中惊醒。在这种情况下，可以尝试自我催眠。

追赶时间的人，当心时间焦虑毁了你

你有没有因担心迟到而不停地看手表，希望一睁眼就能坐上公交，在公交上洗脸刷牙；你有没有每天因工作进度而焦虑不安，希望有分身之术，让另一个自己帮你打卡、买午餐、整理文件；你有没有因上班路上的交通堵塞而心烦意乱，恨不得放弃车子，利用法术瞬间到达公司？

如果你每天都在追赶时间的路上，每天都因时间不足而焦虑，那么你就需要警惕，因为你可能患上了时间焦虑症。

时间焦虑症是指因过度关注时间而产生的情绪波动。在现代生活的快节奏中，许多都市白领感到时间越来越紧张，因工作时间不够而焦躁不安和过度紧张，久而久之会导致出现心跳加速、血压升高、呼吸急促等症状。它就像一个在体内逐渐升温的炸弹，会在某一天爆炸，对身体造成损害。

在日常工作或生活中，有的人做事总是急急忙忙，吃饭也匆匆忙忙，不喜欢闲着。如果有一段时间没有做事，就会觉得在浪费生命，产生强烈的内疚感。有些人会因散步而觉得浪费时间，会因看一场电影而觉得浪费生命，网络速度慢就会不自觉地变得焦躁。其实这又有多大的影响呢？又会耽误什么事情呢？这个时代发展的步伐太快，快到连几秒钟都不愿意等待。为什么每天要做的事情过多会烦躁，有时候难得闲暇，反而感觉错过了更多的事情呢？大家都说厌烦了快节奏生活，希望放慢脚步，但身体和情绪已习惯了快速节奏，即使没有事情可做，身心也无法真正地放松下来。

王先生就是一位时间焦虑症患者。他在过去20多年的工作生涯中，每天都在对时间的焦虑中度过。

“我对自己的时间焦虑感到无能为力，尤其是在放假期间，我更是焦虑万分。尽管我知道要享受假期，但我绝对不能浪费时间。为此，我时常都在质疑自己，是否充分利用了时间？时间对我很宝贵，一定要做有意义的事情，比如旅行、钓鱼、爬山，甚至购物。总之，我要充实和丰富我的时间，这样才会觉得没有浪费假期。当我年老后，回首过去，我才觉得没有虚度光阴，无愧于人生。”

王先生也认识到自己患有时间焦虑症，并且也告诉自己需要进行调整。“当我意识到自己再次陷入时间焦虑时，会下意识地提醒自己，不要对自己过于严苛，要享受生活，偶尔偷懒也没什么大不了的。但是，这种自我安慰的效果只是暂时的，很快我就会因为无所事事而感到焦虑。这种矛盾让我无法从时间焦虑症中解脱出来，每天都过得很疲惫。”

实际上，王先生的时间焦虑症，根源在于他对人生价值的追求。他坚信，只有最大限度地利用好时间，人生才会有意义。他的时间主要是投入在自己身上，而有些人则将时间投入在他人身上，他们都会感到时间不够用。

那些乐于为他人花费时间的人，即使在下班后感到很疲惫，但只要有人提出需求或讨论事情，他们也不会拒绝。这种人对自己的道德标准要求极高，不希望别人认为自己高傲或自私。他们就像圣人一样，宁愿自己受困扰也不愿看到别人遇到困难。他们总在为他人服务，将时间投入在他人身上，倾听、安慰或帮助他人。如果他们的时间没有用来做这些事情，而是用来自我享受，就会心中不安。

这种时间焦虑者的“热心”就像自我绑架，将时间都投入在他人身上，而自己的事务往往在生活中占据的比例并不大，每天看似忙碌，一旦冷静下来，发现自己的事情几乎没有做，立刻感到空虚无比。

这看起来像是无私，实际上是对自己不负责任。这不仅会让别人形成依赖性，还会让自己的生活变成别人的附庸品。其实，很多时候别人之所以不愿意处理事情，将事情交给他人，是因为他们懒得去做，如果你提供帮助，在一定程度上等于纵容他们。而有时候自己的事情比别人的事情更重要、更紧急，如果这时还是处理别人的事情，没有把时间用在应该用的地方，这才是浪费时间的真正表现。

这种乐于为他人付出的人，首先需要从他人的生活中解脱出来。事情总有轻重缓急，先把自己的生活安排妥当，有了额外的时间才能帮助他人。

时间焦虑者无论把时间用在自己身上还是用在他人身上，要想消除对时间的焦虑，首先需要理解每一件事情在时间中的价值。例如，如果最近感到疲惫，睡眠就变得非常重要，它可以帮助你恢复精力，更好地应对每天的忙碌工作；如果最近工作压力过大，那么旅行是一个有益的选择。这并不是浪费时间，而是通过休息来缓解压力，可以起到舒缓心情、调整心态的效果。只要是为了特定的目标去使用时间，无论睡觉、旅行或健身，都会充满意义。只有理解时间的价值，才不会每天觉得自己正在浪费时间而感到焦虑。

缓解压力，焦虑也会随之消除

陆尧是一名软件工程师，在一家知名的互联网公司工作，工作内容是开发和维护一个在线教育平台，每天要处理大量的用户需求和反馈，解决各种技术问题。他的工作非常紧张和繁忙，经常要加班到深夜，甚至周末也不能休息。

陆尧的压力来源不仅是工作本身，还有上司和同事。他的上司是一个很苛刻的人，对陆尧的工作要求很高，经常给他下达不切实际的任务和截止日期，还经常在会议上批评他的工作表现。同事对他也不太友好，有些人是他的竞争对手，总想抢他的项目和资源；有些人是他的合作伙伴，却总是推卸责任，让他"背黑锅"。陆尧感觉自己在公司里没有人可以信任和依靠，只能靠自己努力工作。

陆尧的压力越来越大，开始出现一些焦虑的症状：经常失眠，白天精神不集中，晚上躺在床上却睡不着，总是想着第二天要做的事情和可能出现的问题。为此，他经常感到心慌、胸闷、出汗、手抖，有时候还会出现心悸、呼吸困难、恶心、头痛等症状。他甚至开始怀疑自己的工作能力和价值，总是担心自己做不好，被上司和同事看不起，甚至被辞退。他对自己的未来感到迷茫和恐惧，不知道自己能否实现梦想，能否找到自己喜欢的工作和生活。

陆尧的焦虑严重影响了工作和生活，工作效率和质量明显下降，还经常犯错，导致被用户投诉和上司责备。他的生活也变得乏味和孤独，没有时间和精力去和家人、朋友、恋人交流和互动，也没有兴趣去参加任何的娱乐和社交活动。他觉得自己是一个失败者，没有人喜欢和理解他。

陆尧的事例并不少见，很多人都会遇到类似的情况。因压力过大出现的焦虑是正常的情绪反应，但如果过度和持续，就会对身心健康造成严重的危害。

焦虑是一种对未来不确定或危险的事物的担忧和恐惧，是一种正常的生理和心理反应，有助于我们提高警惕和应对挑战。然而，如果焦虑的程度过高或持续时间过长，就会影响我们的思维、情绪和行为，甚至出现一些心理障碍，如焦虑症、抑郁症等。因此，我们需要学会如何正确地面对和处理压力，找到适合自己的方式来释放和缓解压力，保持一个积极和健康的心态。

缓解压力的方法有很多，不同的人可能适合不同的方法，可以从以下几个方面入手。

1.自觉主动认知

只有认清造成压力的根源，对压力产生的影响以及自己抵御压力的能力有正确的认识，才能适应压力，达到心理上的平衡。如果认识到自己在压力面前不是无能为力的，就能减少压力的有害影响。

2.不要故意给自己加压

不少人对社会、对家庭、对自己都有很多不满。有些人喜欢在压力中生活、在压力中迎接挑战，觉得那是一种惬意、满足。但是压力累积过多，会压得自己喘不过气来，久而久之就会损害自己的身心健康。

3. 调整心态

要正确认识压力，把它看作激励我们进步的动力，而不是我们成功路上的障碍。我们要对自己有合理的期望，不要过高或过低地评价自己，也不要过分在意别人的评价。我们要学会接受自己的不完美，认识到自己的优点和潜力，相信自己有能力克服困难和挫折。

4.释放情绪

找到适合自己的方式来释放压力，如与信任的人交流、倾诉、寻求支持，或者通过写日记、画画、唱歌、跳舞等来减压。我们要避免把压力压抑在心里，或者转嫁给无辜的人，这样只会加重自己的负担，也会伤害他人。

5.放松身心

保持良好的生活习惯，如规律作息、合理饮食、适量运动、戒烟限酒等，这些都有利于我们的身体健康和心理平衡。我们还可以通过一些放松训练，如深呼吸、冥想、瑜伽等，来缓解身心的紧张，提高自己的抗压能力。

6.寻找乐趣

在工作和学习之余，给自己留出一些时间和空间，去做一些自己喜欢和感兴趣的事情，如阅读、旅行、养花、养宠物等，这些可以给我们带来快乐和满足，增加我们的幸福感。我们还可以参与一些社会活动，如志愿服务、公益捐赠、社团组织等，这些可以让我们感受到自己的价值和意义，增强自信。

7.求助专业人士

如果压力已经严重影响正常的生活和工作，或者持续时间过长，或者出现一些身体和心理的症状，如失眠、心悸、恐惧、抑郁等，那么我们就应该及时寻求专业人士的帮助，如进行心理咨询、心理治疗、药物治疗等，以免造成更大的危害。

现代社会生活节奏越来越快，压力无所不在，我们必须认真对待心理压力问题，并及时地、适当地通过情绪调节来缓解心理压力。为压力找个出口，它就不会给我们的精神带来伤害。

提高自我认知，焦虑才会远离

阿飞大学毕业后进入一家外企，并在那里工作了两年半。他心中有一个理想的自我形象，而现实生活中的自我形象与之形成了鲜明对比。他总是觉得，现实生活中的自我无法达到理想的自我形象，这两种形象一直在他心中进行着激烈的斗争。理想与现实的差距让阿飞越来越焦虑，心情越来越低落，这种状况也在不断地恶化。

事情是这样的：三个月前，阿飞负责的项目遭遇失败，上司在众人面前对他大声斥责。最令他痛心的是，上司指着他的鼻子说："我从未见过如此不称职的员工。"阿飞心中的理想自我瞬间崩溃。在学生生涯中，阿飞一直是老师眼中的优秀学生，是亲戚和邻居口中的好孩子。步入社会后，他以为自己会一直保持优秀，然而在现实面前，却被人贬得一无是处。

面对项目失败的结局，阿飞内心起了冲突，既不想接受也害怕上司的批评。自那日起，每当他见到上司，就会找理由避开。每次回想起那一幕，他都会感到不安和焦虑，担心自己会被解雇。

阿飞在半年前步入婚姻的殿堂，计划明年买车、买房。如果被解雇，计划就会落空，不知道妻子会如何看待他。每当看到同事们开怀大笑，他觉得他们是在讥笑自己。他不禁想："为什么我这么不幸，这种事情竟然发生在我身上？为什么所有的人都比我幸运？"

阿飞每天都过得很痛苦，特别是早上该起床时，就是不想起，不愿意去公司，但还得强迫自己去上班。当到达公司时，他感到胸闷、呼吸急促、出冷汗、全身无力……每天工作时，他都感觉不到自己的价值，总是在盼着早点下班。阿飞意识到，自己可能患上了焦虑症，但是不知道该如何应对。

长期焦虑，如果程度加重，可能会演变为焦虑症，这是一种会影响到正常工作和生活的心理疾病。通常我们认为，生病了就应该去看医生，医生自会找到解决办法。不过，有句话说得好，“心病还须心药医”，阿飞的问题属于心理问题，除了医疗干预外，还可以通过提高自我认知来改变现状。那么，如何提高呢？

1.认清自己的工作能力和状态，朝着目标循序渐进

不要给自己设定一个理想中的完美形象，现实中的自己才是最真实的。项目的不成功和领导的批评，击败了阿飞心中的理想自我，让他感到羞愧和尴尬，从而产生强烈的焦虑情绪。阿飞想要从这种负面情绪中走出来，首先需要静下心来，分析自己，明确自己的工作能力，然后为自己设定一个合理且可行的目标，使自己朝着这个目标努力前进。

每个人都期望自己能在工作中独当一面，但需要大量的实践和磨砺才能达到。对于刚步入社会的年轻人来说，经验相对较少，犯错误的可能性也相对较大。换一个角度来看，这其实是成长过程中必须经历的挑战，而不是什么丢人的事情。

一个人需要对自己有清醒的认识，很多人认为理想中的自我能力很强，但现实中的自我还需要大量的锻炼和提升。当理想与现实之间存在很大的差距时，就会导致内心的冲突和矛盾，也会引发许多负面情绪，如挫败感、焦虑和悲观等。因此，不应该过分理想化自己的形象，这样就能更容易接受错误和失败，也更愿意接受他人的批评和建议。

2.关注如何提升能力，而不是关注他人评论

总之，错误和失败在所难免，能力还有待提升。一个人之所以焦虑，是因为担心自己会犯错误和失败，提升个人能力是有效缓解焦虑的好方法。

在心理学中有一个概念叫表现性目标，指的是一个人做事情就是为了让别人认为自己很出色，得到他人的好评。那些持有表现性目标的人，当他人反对或不同意自己的观点时，他们的自尊心就受到伤害，这样的人在遇到困难时也更容易选择逃避。

与表现性目标相对的是掌握性目标，指做事的目的是提高自己的技能，为了更有效地完成任务，而不是为了得到他人的赞扬。持有这样的目标的人，在面临困难和挫折时会坚持不懈，竭尽全力来完成任务。

一个人失败的根本原因通常是能力不足，当积累了足够的工作经验后，失败的可能性就会大大降低。既然已经遭遇失败，就不应该把原因归咎于运气不好，而应该从自身找原因。

3.寻找解决问题的方法，消除压力的源头

心理学中有一个被称为自我妨碍的理论，是指当一个人过于关注他人的观点，担心自己的能力无法应对问题时，会选择各种方式来阻碍任务的完成，以此来掩饰自己“尽力了但仍未成功”的尴尬局面。

当工作遇到困难时，持续陷入焦虑和不安的情绪中并无助于问题的解决。我们应该及时调整心态，寻找解决问题的方法。当一个人有强烈的解决问题的动力时，就能积极应对，负面情绪也就有了缓解的可能。

为心灵画一个笑脸，快乐才会伴随

雅雯是位职场新人，每次把策划书放到上司面前，上司随便翻上两页就扔到一边，带着挖苦的口吻说：“这也叫策划书？烂得简直没法入眼，逻辑和表达能力还不如小学生……”不过，上司数落完后，并未放在心上，再耐心给雅雯讲解如何写、哪里写得不到位，最后还给予一句鼓励。

上司虽然嘴上不饶人，心眼儿还算不错。可是对雅雯来说，却承受不了。她反复问自己：“我真的那么差吗？我真倒霉，怎么遇到这样的上司。”为此，她焦虑不已，甚至产生不想上班的念头。

一天，雅雯意外遇到大学时的学长，学长成熟稳重，目前从事新闻工作。吃饭期间，雅雯向学长谈及自己的焦虑。

学长听后笑了笑，说：“你遇到的情况与我当初一样，不必为此焦虑，更不必为此怀疑自己。我刚入行时，每晚熬夜写稿件，第二天打印出来送给领导，领导看上两眼，直接把稿件撕成碎片，让我重新写。我当时也很焦虑和郁闷，但我没有退却，努力提升专业技能，慢慢也就熬过了那段痛苦时光。”

学长为了安慰雅雯，还建议道：“作为职场新人，专业能力有所差距，属于正常事情，但一定要努力精进，提高自己。再说了，上司数落你，也是很正常的现象。对方挑毛病，指出不足，才能突出他的本事和能力。以后，他再数落你时，你一定要在自己的心中画一个笑脸，以微笑的方式与上司交流，赞美上司能力强、水平高，虚心向上司学习。这样的话，上司渴望被赞美的心理需求得到满足，可能不会再数落你，就算数落，语气和措辞也会温和许多。你只要从内心发生改变，以快乐的心态去面对上司，就不会再产生焦虑。”

学长的话不无道理，雅雯抱着试试看的心理，去面对上司。上司对她的态度果然有所改变，还说“这次的策划书比上次有进步，好好干，相信你会成为一个好策划”。得到上司的鼓励，雅雯有了自信，渐渐地也不再为写不好策划书遭到上司数落而焦虑。

在自己的心中画一个笑脸，以积极、阳光的心态面对工作和生活，就不会出现焦虑的状况。焦虑是一种坏情绪，不进行有效控制，就无法享受生命中的快乐。就算遇到快乐的事情，由于焦虑的存在，也会降低你的热情，让你陷入痛苦之中。懂得给自己的心灵画上笑脸的人，不会让焦虑、悲观、失望主宰自己的人生。

在“二战”期间，伊丽莎白·康黎失去了唯一的儿子。丧子之痛引发的焦虑让她彻夜难眠。她对未来充满绝望，不过生活还得继续。她为了摆脱这种现状，打算去乡下找一个僻静的地方安度余生。

整理行李的过程中，伊丽莎白·康黎意外发现儿子生前留下的一封信。信中写道：“无论我身处何方，无论我遇到什么样的困难，都会勇敢地面对，像一个真正的男子汉那样，用微笑去承受所有的不幸和痛苦。”儿子的话深深触动了伊丽莎白·康黎的心灵，她由此想到，还有很多像她一样在战争中失去儿子的母亲，她们的心情也和自己一样焦虑、难受。想到这里，她告诉自己，必须振作起来，以良好的心态面对生活中的每一天，才能对得起死去的儿子。于是，她放弃安度余生的打算，拿起笔，把自己的真实感受写出来，以鼓励与自己一样失去儿子的母亲。后来，她成为一名知名作家。

伊丽莎白·康黎之所以坚强且充满希望地继续生活，是因为她儿子在信里的话语给予了她力量。她理解到生活不会总是一帆风顺，既然无法改变过去，何不珍惜当下？因此，她在自己的心灵上画了一个笑脸，不仅为自己，也为纪念她那已故的儿子。

一个心灵阴暗的人，人生充满孤独和寂寞。心灵阴暗容易焦虑，焦虑又会使生活变得沉重且混乱，很难感受到快乐和幸福。

为心灵画一个笑脸，可以让自己拥有乐观向上的人生态度；为心灵画一个笑脸，可以使自己拥有面对挑战的勇气；为心灵画一个笑脸，可以使自己在生活中保持平静；为心灵画一个笑脸，只要坚持希望和梦想，就能在艰苦的日子里开出最灿烂的花朵。

李倩最近很焦虑，一系列打击让她觉得活着就是一种痛苦的煎熬。首先，在公司升职考核中，尽管表现优异，但却被某位领导的侄子抢走了职位；接着，相处三年的男友突然提出分手。职场失意本就让李倩心情沉重，情场突变再给她沉重一击。双重打击下，她怀疑起人生的意义，便向公司请假一周，一方面疗伤，另一方面思考未来何去何从。

一天傍晚，她在家附近的广场上闲逛，看到一个孩子正用粉笔在地面上画出一个又一个笑脸。出于好奇，她信步走了过去，问孩子为什么画这么多笑脸。孩子说，老师曾告诉过他们，不开心时就给自己画一个笑脸，就会带来快乐。孩子还告诉李倩，爸爸和妈妈刚刚吵完架，自己画这么多笑脸，希望爸爸、妈妈不要吵架，天天都能过得开心快乐。

听完孩子的话，看着地上一个又一个笑脸，李倩突然想通了。假期还没结束，她便提前返回公司，把因没有升职带来的不愉快抛到脑后，以全新的状态投入工作之中。

正如故事中孩子所言："给自己画一个笑脸，就会带来快乐。"拥有快乐，阳光就能照进内心，生活就会变得五彩缤纷。在自己的心灵上画一个笑脸，等于剔除生活中的种种羁绊，清除内心中的种种"毒瘤"。当一个人的内心干干净净时，就能以坦然的心态应对生活中发生的种种事情。

第二章

不必计较：格局狭隘就是跟自己过不去

计较是一个人的心结，如果打不开，最终只会苦了自己，害了自己。心结会产生心魔，在束缚自己与折磨自己的同时，还会波及周围的人。解开心结的药就在自己的心里。放过自己，学着与自己和解，是对自己最大的爱。

计较只会让人处于尴尬的位置

人与人相处中，难免会有矛盾和不愉快的时刻，而化解这些矛盾则需要适当的方法。当跟人发生不愉快的事情后，过度计较，试图一较高下，这种做法非常不可取。一味地计较没有任何意义，不仅解决不了问题，还可能让问题更复杂。面对不如意的事情时，不如冷静下来，思考问题的根源，寻找方法进行解决。

一天上午，一位客人闯入一家饭店的经理办公室，他满脸愤怒，质问道：“你是这里的经理吗？我刚才在饭店大门口滑倒，把腰摔伤了！你们的地板这么滑，连一点防滑措施都没有，太危险了！赶紧带我去医务室。”

面对客人的怒火，经理没有因对方的指责而生气，也没有急于辩解。他保持冷静，微笑着回答道：“实在抱歉，先生，您的伤势严重吗？我们非常关心您的健康。我立刻安排人员陪您到医务室，请您稍微坐一下，好吗？”

客人坐在椅子上，喋喋不休地抱怨着，而情绪显然平复下来了。饭店经理见状，依然保持温和的态度，对他说：“先生，您先换上这双鞋吧，我已经联系好医务室，现在就带您过去。”

事实上，在这位客人闯入经理室之前，经理就观察到他的腰部并无大碍，而问题的真正原因可能与他的鞋子有关。客人在服务员带领下离开经理室后，经理拿起他换下的鞋，递给另一位服务员，低声叮嘱道：“这双鞋的后跟已经磨薄了，你赶紧送到楼下修鞋处，换一个新的橡胶后跟，务必要在我们从医务室回来之前做好。”

检查结果如经理所料，并未发现任何异常，客人也完全冷静下来。随后，两人一起返回经理室。经理微笑着说：“您没有受伤比什么都好，不如喝杯茶压压惊吧。”

听了经理的话，客人愣了一下，随即感到有些不好意思。他想到自己刚才情绪激动的言行确实有些不妥，便语气放缓，说道：“地板确实有点滑，可能存在一些安全隐患，我只是想提醒你们需要改进，没有别的意思。”

经理说道：“非常抱歉，我们未经您的允许，就擅自替您修理了鞋子。据修鞋师傅说，您的鞋后跟已经磨薄了，走起路来容易打滑。”

客人接过修好的鞋，看着焕然一新的橡胶后跟，神情渐渐变得柔和，似乎在思考着什么。过了一会儿，他抬起头，露出笑容，高兴地说道：“经理，真的非常感谢您！您的细心关怀让我感到无比温暖，我会铭记在心。”

经理送这位客人出门时，说道：“请您将刚才滑倒的事情忘掉吧，期待您的再次光临。”客人愣了一下，随后感到经理的宽容和大度。他主动伸出手，与经理握手并诚恳道歉：“刚才是我无礼了，真的很抱歉。”随后，他带着轻松的心情，迈着轻快的步伐走出经理室。以后，这个客人只要来到该市，必然下榻这个饭店并向经理致意。

这个客人之所以最后满意离去，关键在于经理的处理方式。面对顾客初时的愤怒与指责，经理没有与其计较，而是保持冷静，用谦逊的态度先平复对方的情绪，接着用柔和的语气引导其冷静下来，再用事实为其解释真相。最终，客人意识到自己的情绪失控和过激行为，并对经理的宽容表示敬佩。设想如果经理与客人针锋相对，结果必定是双方的不欢而散，甚至影响饭店的声誉。

有位资深媒介专员到一家新公司应聘。在众多竞争者中，他无疑是一位强有力的候选人——拥有丰富的工作经验、突出的学历背景，以及显著的过往工作成绩，让他对自己充满信心。

复试结束后，他原本认为自己胜券在握，却没想到，公司决定录用的竟然是另一位应聘者。这个结果让他非常意外和不解，他心有不甘，前往公司找负责人弄清楚自己落选的真正原因。

他得到的答复是这样的：“不可否认，您的经验和能力是最突出的，在众多候选人中无疑非常亮眼。不过，从您对您前公司的描述中，我们注意到你是一个很喜欢计较的人，计较中午的工作餐不合口味、计较工作环境差、计较薪资水平不高，认为自己空有一身才华却无人赏识……您口中的前公司在您眼中那么糟糕，我们这家公司的规模和体制与您原来的公司相差无几。如果您到这里，恐怕也难以避免类似的抱怨。正是基于这样的考虑，我们选择了另外一位应聘者。”

这个事例再次提醒我们，面对不如意时，一味地计较这个、计较那个，不仅不会改善现状，反而会让问题变得更加复杂和难以解决。无论遇到怎样的挑战或不顺，都不应该过分计较。与其不断计较，不如尝试换个角度去看待问题，积极地调整自己的心态，努力去改变自己，提升自己。唯有这样，才能走出困境，迈向更为光明和幸福的未来。

不要用别人的标准来约束自己

在日常生活中，我们会无意中特别在意他人的看法，而为了赢得他人的认可，我们可谓不遗余力：细心观察他人的反应，推测他人的想法，预料他人的评价并谨慎行事，以免受到批评。尽管我们如此谨慎，仍然会有人表示不满。其实，这就是用别人的标准来衡量和约束自己。

李婷自幼勤奋好学，从顶尖大学毕业后，成功加入了一家国际公司，担任产品推广和文案策划。为了在工作中保持竞争优势，她不惜熬夜阅读各种书籍。为了激发自我进步，她还加入一个专注于学习和成长的社团，其中有许多杰出的成员，特别是一位传媒行业的领军人物；他从一位普通的杂志编辑起步，通过不懈努力，最终成为一家知名传媒公司的合伙人。

这位传媒精英的经历令李婷感到惊讶。当她询问他的成功秘诀时，他只是简单地回答："为了取得成就，我每天凌晨4点起床阅读和写作，这个习惯已经坚持了10年。"李婷深受鼓舞，决定以他为榜样。

为了提高自己的文案写作能力，她也开始每天4点起床阅读和写作。坚持一段时间后，她发现效果并不理想，甚至因难以持续而失去动力。后来，李婷意识到，自己只是看到对方每天早起的努力，却没有了解到他是如何培养早起习惯的，也不知道他每晚的睡眠时间，以及他的睡眠质量有多高。李婷以前是晚上11点半睡觉，早上7点起床，突然改为4点起床，对身体无疑也是一个挑战。

我们经常会遇到李婷这样的情况：当看到别人在某个领域表现出色时，我们往往会用他们的标准来衡量自己，却忽略了自己的生活方式和身体条件，最终只是让自己倍感压力。通常，我们所看到的那些耀眼的成就只是别人努力的结果，并不代表我们可以复制过来。每个人都是独一无二的，都有能力以自己的方式变得不同凡响。如果总用别人的标准来衡量自己，违背了自己的本性，就会给自己带来不必要的困扰。

在人际交往中，许多人为了赢得他人的好感，常常会拿别人的标准来约束自己。然而，周围的人很多，不可能让每个人都对你满意，也不可能让每个人都对你微笑相待。你顾及了某个人的感受，却可能引起其他人的不满，甚至有人根本不领情。每个人的立场和观点都不同，想要面面俱到，不得罪任何人，讨好每一个人是不现实的！

从前，有位画家一直想创作出一幅人人都喜欢的画作。经过几个月的辛勤付出，他将自己的作品带到市场上，并在画的旁边放一支笔，附上一则说明："亲爱的朋友，如果你认为这幅画哪里有不足之处，请赐教，并在画中标记出来。"

到了晚上，画家取回画作，却发现整个画面都被涂满各种记号，没有一处不被指责。

面对如此情状，画家既郁闷又失望。不过，他并没放弃，而是采取不同的策略再次尝试，他复制一幅相同的画作并将其展示在市场上。这次，他附上的说明是这样写的："亲爱的朋友，如果你认为这幅画哪里有精彩之处，请赐教，并在画中标记出来。"到了晚上，画家取回画作，看到之前被批评的部分，现在都被赞赏的记号覆盖。

画家感慨道："现在我终于明白了，无论做什么，只要有一些人喜欢就足够了。因为在某些人眼中不完美的东西，在其他人眼中正是魅力的所在。"

这个故事传达了一个道理：无论你做什么，总有人会不满意。别人怎么说不重要，重要的是要按照自己的准则去行动。毕竟，我们无法控制别人的言论，当面对他人的批评时，我们需要做的是调整自己的心态，懂得与自己和解。

"人非圣贤，孰能无过。"每个人都会犯这样或那样的错误。如果你还无法理解这个事实，请想象一下你会如何对待你的朋友。在与朋友的相处中，你不太可能因为一个小错误就嘲笑对方、轻视对方或者远离对方。你更有可能会宽容对方、理解对方、支持对方。那么，请试着以同样的态度对待自己，你可以这样自我鼓励："虽然我有缺点，会犯错，但并不意味着我一文不值。大多数人能理解和原谅我的错误，即使有人无法理解，也不意味着我没有希望，只是表明我需要做出改变。"

所以，任何一个人都无法做到让所有人都满意。无论在哪种场合中，对于别人的负面评价，不必过于耿耿于怀，不必活在别人的看法中，应该学会与自己和解，按照自己的方式，活出真实的自己。

把失去的看成不想要的

在获得某件东西或某项成就之后，快乐就会涌上心头；失去某件东西或某项成绩下滑，就会陷入不安。得则乐，失则忧，这是人的本性，任何人都无法避免。有成功就必然有失败，有收获就必然有付出。一个人在达到目标和获得奖励时可以尽情欢笑，在遭遇挫折和失去机会时却很难以淡然的心态去面对。

《大腕》是冯小刚导演的电影作品，剧中讲述的是北京小伙尤优为好莱坞大导演泰勒筹备葬礼的故事。机缘巧合，尤优结识了国际知名导演泰勒，并得到身患重病的泰勒的委托，替泰勒办一场独一无二的葬礼。

为了把葬礼办好，尤优找来好友路易·王。在路易·王的策划下，两人将泰勒的葬礼当作一场赚钱的戏码。就在葬礼即将举行，两人即将成为百万富翁时，却收到泰勒病情好转的消息。尤优为此躲进精神病院，路易·王更是承受不了这心理落差的打击，一下子崩溃了。

剧中人毕竟是演戏，道理却很现实。生活中充斥着输不起的人，这些人成功时不懂得节制，以致放纵无度，失败后又不懂得调整心态。这样的人就算一时成功了，也不可能保住成就。我们可以反向思考一下，把失去的当作不需要的，或认为本来就不是你的，这样对于已经错过或失去的，就会释然很多。

有个老人坐火车，不小心将刚买的皮手套掉到窗外。正当周围人为他惋惜时，老人出乎意料地将另一只也扔到窗外。老人解释说："这一只手套不管多么贵重，对我来说已没有价值了，如果有谁能捡到一双手套，说不定他还能用呢！"

的确，失去了就是失去了，何必为此大惊失色或念念不忘呢？焦虑、悔恨、伤心都不能让失去的重新回来，后悔和纠结只会加深痛苦，甚至还会让人失去更多。从另一个角度来看，失去是一种体验，虽然令人心碎，但也不一定都是坏事。想想看，谁能保证那些失去的就是最好的、最适合你的？谁能保证那本来就是你的？亦舒说："失去的东西，其实从未真正属于你，也不必惋惜。"难道不是吗？人常说，"天注定，强求不得"。有些东西不是你的，你抢也抢不到；有些东西是你的，你逃也逃不掉。

《庄子》中有一句话："得而不喜，失而不忧。"意思是得到了不必狂欢、狂喜，失去了也不必悲哀、忧愁。无论是得是失，永远保持一颗平和超脱的心，只有这样才能享受上天赋予的人生。

得而不喜，失而不忧，是一种非常高的人生境界。拥有这样人生境界的人，无论是处于金碧辉煌的宫殿，还是处于草舍茅屋的乡野都能够从容自若。古代医学家李时珍就是一个这样的人。

李时珍，蕲春人，明武宗正德年间出生，家族世代从医。李时珍自幼就打下了扎实的医学基础。后来李时珍进入宫廷做了一名太医。在太医院，他目睹了人间最富丽堂皇的景色，接触过人间最尊贵显赫的人，然而这一切却并没有让他迷失，他清楚自己的目标——成为一名好医生。

后来，李时珍离开皇宫，虽然可以过富贵的生活，但他没有那样去做，而是选择深入民间，到那些最困顿最低微的人群中，为他们送温暖，利用自己所学帮助他们。从朝廷到民间，从太医到乡间医生，李时珍没有任何的怨言，全心全意对待每一位病人，孜孜不倦研究每一个药方，亲身试验每一种草药。

几十年坚持不懈，终于让李时珍达成心愿，编写出中华历史上最杰出的一部医书——《本草纲目》，并因此名垂青史为后人所敬仰。

现代社会，像李时珍这样得失淡然的人越来越少。大多数人都把自己的快乐建立在得失之上，得到就高兴，失去就难过，甚至为了多得少失不惜损害自己的道德和尊严。

人之所以会在意得失，是因为我们已经将人生是否成功，完全与物质挂钩起来。比如，租房子住的人觉得有房子住的人比自己幸福，有房子住的人觉得住别墅的人比自己幸福，住别墅的人认为富豪比自己幸福。就是这样，每个人都感觉自己是不幸福的。因此，每个人都拼命地去争取更多的东西，让自己过得更加“幸福”。然而，人类的欲望是无法被满足的，一旦欲望多了，就会受到物质的束缚。

一个平凡无奇的人，过着朴素无华的生活，他的人生也不一定是悲哀、空虚的。有一天，他中了百万彩票大奖，一夜之间成为富翁。有了钱，他就想着怎么去花，欲望之火就这样被点燃了。他不再节省开支，整天为去哪些高档饭店而烦恼；他不再为每天上班几点出门才能赶上地铁而苦恼，索性直接买一辆汽车。

无节制的欲望，让他中奖的钱一点点消耗殆尽，没多久就再次过上贫困的生活。他再也无法回到以前那种简单的快乐之中。他吃过珍馐美味，就不愿再吃粗茶淡饭；他习惯坐轿车，就不肯再坐公交。珍馐美味和轿车终究成为过去，他只能沉溺在现实的忧虑中而无法摆脱。

他的这种忧虑完全是自作自受。如果他一开始对暴富就有一种正确的心态，又怎么会有这种结果呢？

一个普通无奇的人，一直过着规规矩矩的日子。有一天，他无聊之余用两元钱买了一张彩票，没想到竟然中了个大奖。因为平时就爱好跑车，于是他用奖金买一辆跑车，整天开着车游山玩水。

有一天厄运降临，他的车子被偷了。朋友们听说后，都担心他承受不了这一打击，便一起来慰问他。可见到前来慰问自己的朋友们，他却笑着对朋友们说：“如果你们中有谁不小心丢了两块钱，会难过吗？”众人一脸茫然。他继续说：“我用两块钱买了彩票，然后得到了车，现在车丢了，不就是两块钱的损失吗？”

一正一反，后者的心态值得所有人效仿。“不以物喜，不以己悲。”得之，我幸；不得，我命。用这种平静淡然的心态面对人生的波折，无论是得还是失，都能绘出精彩的人生画卷。

难得糊涂是一种大智慧

古人云："水至清则无鱼，人至察则无徒。"后半句则要求我们练就一双慧眼，在为人处世中发现谁才是真正的朋友。不过，更多时候要懂得睁一只眼闭一只眼，糊涂一些。因为时光如流水，转瞬就老了，事事认真不仅太累，还会透支我们的生命。做人要学会放下，把那些不必要的纷纷扰扰丢掉，生活中的不快乐自然就会消散。否则，眼睛太亮，不仅对生活和事业无益，还会带来许多不必要的麻烦。

法国有一句谚语："如果无知是福，那么愚昧就是智慧了。"这里的"愚昧"，其实就是"难得糊涂"的同义词。它看起来愚昧，实际上是一种超脱、一种聪明、一种经历风雨后的成长，也是每个人都应该明白的自保之道。

第二次世界大战中，美国人小罗奇·福特率领的一个团队，在中途岛之战时成功破译了日本人的密码，获得日军海上作战部署的准确情报，并有针对性地进行了作战筹划。可是，就在胜利在望之时，美国的一位新闻记者得到这一机密情报，竟然不顾作战机密，将其作为独家新闻在芝加哥一家报纸上刊登出来。这样一来，随时都可能引起日本人的警觉并使其更换密码和调整作战部署。

美国战时总统罗斯福对于国家战时情报被严重泄露的事情，没有采取任何措施，没有追究责任，没有调整军事策略，也没有表现出任何知情的迹象。这件事很快就被淡忘了，就像从未发生过一样，日本情报部门也没有对此引起足够的重视。在中途岛战役中，美军因为"糊涂"而捡了个大便宜。

如果罗斯福非要追查泄露机密事件的真相，其后果可能是记者受到应得的处罚，但这次作战方案却失败了。明智的人不是不懂原则，也不是不分对错，而是他们更能明辨利弊，看得到真正重要的价值所在。

宋高宗时期，有一次宫中厨师煮的馄饨没熟，皇帝命令把那个厨师送进大牢。不久之后，在一次表演节目时，两个演员装作读书人的样子，相互问起对方的出生年月。

一个说“甲子生”，另一个说“丙子生”。这时又有一个演员立刻跑到皇帝跟前告状说：“这两个人都该进大牢。”皇帝感到奇怪，问是什么理由。这个演员说：“甲子、丙子都是生的，不是跟那个馄饨没煮熟的人是同样的罪吗？”

皇帝听了哈哈大笑，明白了他的意图，就释放了那个“馄饨生”的厨师。

如果这几个人直接向皇帝进言，就是和皇帝较真，很容易惹怒龙颜。这种错误的论证具有很强的滑稽性，通过这种糊涂的方式，寓深意于言中，让皇帝自己去领悟其中的道理，既给了皇帝尊严，又达到了办事的效果。

有位爱纠缠不休的先生盯着小仲马问：“您最近在忙些什么？”小仲马淡定地答道：“难道您没看见，我正在留胡子吗？”胡子是自然而然长的，小仲马故意把它当作极重要的事情，显然是答非所问。

小仲马表面上是在回答那位先生，其实是在用糊涂策略。小仲马自然是知道对方问话的意图，但他偏要答非所问，用幽默暗示那人：不要再继续纠缠。

从小到大，无论是父母还是师长，都教导我们凡事要认真。这本来没错，但一旦较真，眼里揉不进沙子，那就是跟自己过不去，到头来终究会自找麻烦。所以，只要不是大是大非的问题，就没必要做无谓的坚持。换句话说，即使坚持又能如何？对方会按照你的意愿行事吗？俗话说，“兔子急了也咬人”，把别人逼得没有一点儿余地，对方除了拼命反击之外还能有什么选择？

有的人之所以喜欢较真，是因为太喜欢把自己当回事，以为自己出于公义，是正道的捍卫者。但事情并非如此，抛开“较真”本身就是一种不正常的心理不说，我们都知道对的不一定是好的，好的也不一定是合适的。生活中的很多事情其实没法较真，也没必要较真，否则就是自找麻烦。

在一次演讲中，戴尔·卡耐基讲了自己的一段经历。

卡耐基说：“我曾经找一位室内设计师给我的新居装几种窗帘。当我收到账单时，吓了一跳，因为价格之高远远超出我的预算。”

“不久后，一个朋友来访，当得知窗帘的费用时，他也惊呆了，并且喊道：‘什么？他太过分了！戴尔，你被他坑了！’”

“我被坑了吗？是的，我确实亏了些钱。可是谁会喜欢听别人说自己的判断有误呢？作为一个普通人，我马上为自己辩解道：‘一分钱一分货，你仔细看看，这可是最高级的材料呀！’”

“又过了一段时间，另一个朋友来拜访，看到那些窗帘，不停地赞美，并且说如果自己能够承受得了，也想在自己家里装上这样的窗帘。这一次，我的反应不同了，我说：‘老实说，价格太高了，我也承担不了，我很遗憾买了这些窗帘。’话虽这么说，当时我的内心却非常自豪，为了那些昂贵的窗帘和我的诚实。”

卡耐基这位人际关系管理大师，面对朋友的话也会或忧或乐，更何况我们呢？当遇到类似情况时，其反应会比卡耐基更为强烈。那么，如何进行有效应对呢？就是睁一只眼闭一只眼，装作没看到或者不懂行，自然也就免去相应的麻烦。

最后，奉劝那些眼里揉不进沙子，“宁为玉碎，不为瓦全”的朋友：你们或许真的很优秀，某些方面也真的值得敬佩，但在纷繁琐碎的世事中，真的没必要对每件事情都要认真，乃至较真，或许会活得轻松一些。

沉溺于过去其实是对今天的拖累

有些人凭借努力获得一些成就后，就很难从心理上放下。对于他们来说，那是对自己能力的一种认可，是自信的根源，是通向未来的资本，也是自己存在价值的证明。他们如此沉迷于这些，赋予它许多附加意义，于是成就不再是成就，而成了一种迷信。他们执着地认为有了这些，明天依旧可以顺风顺水，却没有意识到这些东西太过沉重，已经拖累了他们迈向明天的步伐。

对于过去，很多人能抛开遗憾和伤痛，唯独不想抛开曾经的成就，因为那是最值得自豪的部分。他们越是舍不得，越会拿过去与现在作对比，想来想去还是过去好，并为“今非昔比”痛惜不已。他们对过去的珍藏越来越多，把大部分时间用来回忆，把小部分时间用来规划将来，这种情况下，是很难有所作为的。

对过去的回顾太多，就会成为包袱，包袱过重，就会给心灵造成负担，难以心平气和，总觉得现在的生活一团糟，还想像过去那样顺畅。其实，过去未必顺畅，只是那时候清醒而有激情，看到困难不会惊慌失措，遇到不顺的事情也不会叹气抱怨。现在的不顺心不是源自过去的理性与活力，而是过去的成绩与回忆，从而导致对现实不满，让自己越来越纠结。

从前，有个公差出远门办案，路上不慎丢失坐骑，只好步行前进。

走了三天，遇到一条宽阔的河流，公差心里一沉，向周围的乡民借来一把斧子，砍下几棵树做成木筏，顺利地过了河。

前面是一座高山，公差担心山后还有河，就把木筏背在身上。山上的老汉看到后，问他：“你为什么要背着木筏爬山？不累吗？”

公差解释自己的想法，老汉笑道：“你是不是糊涂了？爬山者要尽可能轻装，过河者才用得着船只，你怎么能背着木筏？”

“那你说，前面再遇到大河怎么办？”公差问。

“前面如果有河，可以再想过河的办法，你拖着木筏爬山，不是更浪费时间和精力吗?”

对于想要过河的人，需要木筏作为工具；对于登山的人，要尽量减少负担。此二者都是正确做法，背着木筏爬山或空手渡河，都是不切实际的。故事中，公差犯了一个常识性错误，即用一种方法解决了困难，就认为用这种方法可以解决所有的困难。退一步言之，且不说背着木筏爬山费时又费力，假设山那边有条大河，且大河的流速和水势远比先前的河流更加迅猛，他背着的木筏根本无法载他渡过河，那么背木筏的行为就是对自我一次成功的盲目崇拜，过于沉溺于过去的成功之中。

一般而言，沉溺于过去会导致人的愚昧。一个失恋的人如果按照过去恋人的标准寻找一个完全相同的，等待他的只有遗憾；即使找到了，也只是过去的影子，说明这样的人始终停留在过去。过去的成功哪怕再辉煌，毕竟是过去了。只有把过去那些事放下，才能安心地做事。那么，需要放下过去的一些什么呢?

1.过去的成就

人人都有过一些成就，有些还是值得骄傲的。但过去的成就只能代表过去，不能保证未来也能取得同样的成就。借助过去的成就，证明自己很出色，等于故步自封，脑子里装不下新的东西。通常，对过去成就念念不忘的人，现实生活中过得并不怎么好。只有放下过去，以坦然的心态接纳现实，才会有所收获，才会对每一次机会都尽力而为。

2.过去的经验

我们分析失败的原因时会发现，有时是经验不足，导致不知道如何应付突发的问题；有时却是过于依靠经验，完全没有注意到出现的新问题。

解决问题的方法从来不是靠简单的算术，不是所有问题都能用一加一等于二这种线性思维来解决。世界上没有一条现实经验能让你应对所有挑战。一定要记住，经验是固定的，人是活的，活人不能被固定经验束缚。

3.过去的执念

对于过去的一些美好事情，人们往往会产生固执的想法，认为过去的那些才是最好的，再也找不到那么好的东西。因此对现在的所有东西都感到厌倦，恨不得一切都消失，一下子回到过去。这种执念严重时会影响到人的价值观和人生方向。

对过去的执念，源自对今天的不满。因为现实不符合期望时，就会在头脑里回想过去的各种美好。其实过去也不一定那么好，当需要一个藏身处逃避现实时，过去显然是最好的选择。过去的一切都是好的，反正不能回去，无法验证，干脆在虚幻中不断美化，变得越来越美，直到成为一种幻觉。

生命的意义不在于缅怀过去，而在于超越自己，只有那些过不好现在的人，才一直停留在过去的美好之中。每一个人都应该清醒地认识到，过去不能给予你除了回忆之外的东西。人要向前看、向上走，如果总是回头或止步不前，就无法看清前面的路。

亦荣亦枯都是最好的安排

在唐朝，有位名叫惟俨的禅宗高僧。他有两个弟子，一位是宗智禅师，另一位是释昙晟法师。某日，三人在禅院中打坐，惟俨禅师注意到庭院里有两棵树：一棵繁茂，一棵枯萎。他指向这两棵树，向弟子们提出了一个问题："这两棵树，你们认为哪一种状态更好？"

宗智回答说："繁茂的更好。"

释昙晟则认为："枯萎的更好。"

这时，一个年轻的沙弥恰巧路过，惟俨禅师也向他提出了同样的问题。沙弥回答说："让枯萎的自然枯萎，让繁茂的自由生长。"

同一个问题引出三个不同的观点，每个人都有自己的理解和境界。

宗智认为"繁茂的更好"，是因为在他眼中，繁茂代表着活力，是阳光、美好、幸福和喜悦的象征。

释昙晟认为"枯萎的更好"，是因为在他看来，"枯"象征着修行者的寂静、无为和淡泊心境，代表着与纷扰、烦恼无关的境界。

然而，与那位不知名的小沙弥相比，这二位似乎稍显不足。因为"荣"或"枯"都只是他们各自的喜好。一旦有了喜好，就会产生憎厌和烦恼，违背了禅修的原则——分别心和我执。真正的禅修境界是超越物我之分，任枯任荣，自在解脱。

小沙弥的回答也与道家的道法自然相呼应。所谓道法自然，是指人们应当遵循自然法则。这些法则是不可更改的力量，既然无法改变，就只能顺应。联系前面的故事，树木生长的盛衰虽受人为影响，主要还是由自然法则决定。每棵树终将面临枯萎，我们无法阻止自然的进程，只能让"荣的任它荣，枯的任它枯"。

大自然亦有温情之处。王蒙在《老子十八讲》中举过一个例子，讲述麦子从发芽、开花、结果，最后不可避免地走向死亡。在其一生中，结出更多的种子，使生命得以延续……自然有其安排，我们无须因树木枯萎或花朵凋零而忧伤，树木枯萎意味着更多的绿荫，花朵凋零是为了结出果实——没有凋零，怎能有收获？理解了这一点，还有什么不能平静面对的呢？

在一个遥远的地方，有一个被认为能够实现愿望的神殿，吸引众多信徒前来祈愿。有一天，神殿的看门人向神坛上的神像抱怨道："我多么羡慕您啊！您无须言语，每日就有信徒献上供品，而我却要辛勤劳作，风吹日晒才能维生……"

突然，一个声音回应了他："真的吗？那么，我来替你守门，你去站在神坛上。但你必须承诺，无论看到或听到什么，都不得发出任何声音。"说罢，那泥塑的神像竟然从神坛上走下来。

"这有什么，不就是不说话嘛！"看门人努力克制住激动的心情，匆忙地爬上神坛。每天，他都遵循与神灵的约定，默默无言，倾听着信众的心声。来来往往的人络绎不绝，他们的祈求有的合理，有的不合理，甚至有的十分荒谬。但他都坚持不发一言。

就这样过了半年有余，一天早晨，一位富商前来祈祷，离开时竟然忘了带走手边的钱袋。看门人看在眼里，内心真想叫住富商，但想到与神灵的约定，只好忍住不说。

接着来了一位贫穷的人，祈求神灵帮助他度过生活中的困境。当他准备离开时，突然发现富商丢失的钱袋，顿时欣喜若狂，说："神灵显灵，有求必应！有求必应！"然后离去。看门人目睹这一幕，想告诉他，这不是他的钱，不能拿走。但因事先有约定，他只能保持沉默。

贫穷的人刚刚离开，紧接着一位准备远航的青年走了进来。他默默地祈求神灵庇护，希望自己能够顺利。在他祈祷结束后准备离开时，富商急匆匆地闯进来，一把抓住青年的衣襟，急切地要求青年交出他的钱袋。青年非常困惑，由于年轻气盛，立刻与富商发生争执。

神殿之处，岂能喧哗！而这场误会，唯有当事人才能澄清。看门人先是隐忍不发，实在忍无可忍，开口说出真相……一切明了后，富商急匆匆地去寻找那位捡到钱袋的穷人，而那位青年担心错过当天的船只，也早已离开。这时，真正的神灵再次现身，指着神坛上的看门人说："你还是下来吧！你没有资格坐那个位置。"

"我把事实告诉他们，进行公正处理，消除误解，这有何不妥？"看门人显得有些愤慨。

神灵说："你犯错了。那个富商并不缺乏财富。那些财富到了那个贫穷者手中，却可以救助一家人；最值得同情的是那个青年，如果富商一直纠缠他，耽误他的出海时间，他还能保全生命，而现在，他乘坐的那艘船正在沉入海中！"

我们总是在梦想着改变生活中的不如意，但最终可能事与愿违。

还是那句话：别和生活去计较，因为有些事情无法避免，也无法改变。我们只能相信，无论顺境还是逆境，都是生活的最佳安排，应该怀着感恩的心去接受、去面对，任由它去，任由它来。

小计较，会产生大遗憾

在人生旅途中，计较往往像绊脚石一样，阻碍着我们追寻幸福的脚步。如果一个人总是为了眼前的舒适与安逸而频繁地抱怨和计较，那么他可能会与幸福擦肩而过，失之交臂。有时候，正是那些看似无关紧要的小计较，悄悄地积累成人生中的遗憾，最终让我们错过更多宝贵的机会。

美国心理学会的调查数据显示，在美国的心理诊所，几乎每个月都会有一些中年患者找上门来。这些人通常肩负着养家糊口的重担，却始终在公司的底层挣扎。他们常常抱怨自己辛苦工作大半辈子，却依然没得到升职或加薪的机会，而那些刚刚大学毕业三五年的年轻人却轻松脱颖而出，甚至有些人成为他们的上司。

这些中年患者不断地向医生倾诉不满，常常计较自己在同一岗位上辛苦工作十几年，公司却始终对他们的付出视而不见。难道这些心力交瘁的中年人真的是因为缺少伯乐才没有受到公司重视吗？探讨这个问题之前，不妨先说一说美国《读者文摘》上刊登的一位美国医生的文章。或许，看完之后，对于这些患者人生悲剧的根源就了然于心了。

今天，我接诊了一位中年危机的患者，他不断计较公司没有给他提供足够的机会。于是，我问他："先生，您愿意把自己觉得不公的事情详细告诉我吗？"

"当然愿意。"他回应道，"前不久，公司居然要派我去海外的营业部工作，您能想象吗？像我这个年纪，到遥远的日本去？"这位中年患者的情绪显得十分激动。

"先生，去日本确实很远，可能还会有水土不服的问题，但您不觉得这正是公司给您提供的一次机会吗？"我耐心地说道。

"我可不认为这是机会。"他激动地回应道，"我这么大年纪了，还让我到处奔波，这种事情应该是二十多岁的年轻人去做。说这是机会，简直太可笑。"他的话语充满了愤懑和无奈。

“那么，您最后是怎么处理的呢？”我问道。

“我对上司说，我得了严重的心脏病，去那么远的地方工作，实在是心有余而力不足。”他说。

“先生，如果您的身体状况并不如意，或许您应该降低一些对自己的要求，考虑做一些不那么有压力的工作。您知道，作为公司管理者，压力其实非常大，这不利于您的身体健康。”我建议道。

“医生，我的病其实一点也不严重，”他苦笑着说，“这不过是我找个借口而已。我这么说，公司就不会派我去日本工作了。”

原来，这位病人和我之前接触过的那些总是抱怨、不满的患者并没太大区别。他们并没什么疾病，问题的根源在于遇事总是过于计较，总为自己找不做事的借口。从年轻时开始，他们就不断为自己找理由，一直延续到中年，甚至老年。他们并没有意识到，自己内心的计较，正是导致他们生活中不快乐、不如意的根源。

事实上，那些表面上看起来微不足道的计较，随着时间的推移逐步积累起来，往往会变成人生中的大遗憾。当我们计较公司没有赏识和提拔自己时，首先应该进行自我反省，思考一下自己是否总是以计较的心态来面对工作。

陶硕在一家公司做销售已经十多年了，业绩一直不错。一天，他负责的一笔订单被其他公司抢走了。领导非常重视这个订单，特意打电话询问原因。陶硕担心领导责怪自己，便找借口说：“我腿上的旧伤复发，谈判时迟到了，才被竞争对手抢走订单。”领导知道他以往的表现都很好，而且他的腿伤是5年前出差时弄伤的，也就没有责备他。事实是，那天陶硕根本不是什么腿伤复发，而是睡过了头，错过了谈判。

从那以后，陶硕找到了让自己清闲起来的法宝。每当公司安排较为艰巨的任务时，他总是借口自己腿伤复发，向上司暗示自己无法胜任。渐渐地，陶硕发现，除了腿伤，儿子生病、老婆住院等情况也都成为他迟到、早退或者推托任务的理由。

一年后，公司经营不景气，需要裁员压缩开支。领导把陶硕叫到办公室，说："陶硕，我知道你曾为公司做出过贡献，也知道你受过伤，做事一直都很有责任心。可近一年来，你的业绩几乎为零。很抱歉，你被解雇了。你不需要再为自己辩解，我听得耳朵都长茧了。"

陶硕被解雇，完全是习惯于找借口造成的，而找借口的根源在于过度计较个人得失，不愿承担后果的心态。无论在生活中还是工作中，那些看似微不足道的小计较，往往不会给他人带来直接的麻烦，也常被忽视。然而，这种小计较持续下去，最终的结果却会酿成无法挽回的遗憾。一个人心中的计较越多，便会越来越容易找借口推脱责任，这不仅会影响个人的工作效率，还会逐渐改变他人的看法。上司、同事会认为他是一个缺乏责任心、效率低下的人。这样的印象不仅会使他错失更多的机会，还会在公司面临困难时，成为最先被淘汰的那一个。所以，若一个人始终陷于计较之中，他的未来恐怕将变得越来越暗淡。

计较，能让人暂时逃避自责，降低对自己的要求，获得短暂的心理安慰。可是，这样的计较不过是自欺欺人的麻醉剂。长期依赖下去，不仅解决不了问题，反而会带来更大的伤害，最终可能导致无法挽回的后果。为了不至于酿成终生憾事，还是少一些计较，多一些担当吧。

第三章

停止抱怨：用行动来改变自己

抱怨不能解决任何问题。生活不过是逢山开路、遇水架桥的过程，想要获得更加优质的生活，不仅要增加物质财富，还要提升个人的修养。停止抱怨，多传递正能量，专注于自身的提升，才是一个人的聪明活法。

不让抱怨扰乱生命中的每一天

日常生活中经常会遇到这样的情况："我的工作真是乏味至极！""每天都要加班，我都快累垮了。""每天都在做重复的工作，我简直要崩溃了！"

几个同事聚在一起满腹牢骚，抱怨公司严格的规章制度，抱怨领导的严苛管理，抱怨永无止境的工作，抱怨无尽的委屈……

当抱怨变成习惯，一个人的情绪就会变得非常糟糕，看什么都不顺心，同事觉得他难以相处，上司认为他喜欢发牢骚，是个"麻烦制造者"。这样下去，升职、加薪的机会永远不会属于他。

一个人的成功或失败，并非天生就注定的，也不是别人能控制的。命运其实是我们自己创造的，就在我们每个人的手中。工作中处处都有机会，只有那些懂得珍惜的人才能看到。机会无处不在，关键在于你能否抓住它。

很多人对那些成功的人羡慕不已："为什么好的机会总是别人遇到，我为什么就没有那样的好运呢？"有些人甚至抱怨："如果我有这样的机会，早就成功了。"尽管人的一生中有很多的机会，但是真正能抓住机会的人并不多。抓住机会的人实现了自己的梦想，而错过机会的人则抱怨自己的运气不好。

徐海明和李亚飞是大学同学，毕业后分别进入两家规模不大的公司。由于工作地点相距甚远，直到毕业后的第五年才再次相见。见面后，自然谈论各自的工作经历。

徐海明的语气有些沮丧，说："运气真差！本来公司就不景气，再加上专业不对口，做起来也没什么兴趣。我在那里干了不到半年，就换了一家，还是觉得没什么意思，又继续跳槽。目前上班的公司，已是我换的第七家了。老同学，你现在过得怎么样？"

李亚飞平静地回答："你也知道，我的公司开始也不大。说实话，我一开始也不太喜欢这份工作。但是我觉得，既然找到这份工作，就应该珍惜，尽力做好。上班时，我就专心做好自己的工作；下班后，我就给自己充电，补充业务知识，工作起来反而越来越有动力。半年后，因我做得还不错，领导就提拔我当部门主管。现在，我们的公司已经发展成为一家大型集团公司，我是集团分公司的经理。”

听了李亚飞的经历，徐海明心中有些惭愧，现在才明白过来：原来，所有问题并不是工作本身的问题，而是自己对待工作的态度问题。

看看我们周围那些只知道抱怨而不努力工作的人，他们不懂得珍惜工作的机会，不愿利用业余时间提升自己的能力。他们除了在抱怨中增长年龄外，工资没增长、职位没提升，像个边缘人一样，得不到领导的重视。更令人遗憾的是，他们没有意识到竞争的残酷性，只知道抱怨而不愿努力工作。如果时机成熟，可能马上就辞掉。

一天，佛陀坐在金刚座上，向弟子们开示道：

“世间有四种马。第一种是良马，主人为它装上马鞍，挂上马辔，能日行千里，快如流星。尤其值得赞扬的是，当主人举起手中的鞭子，它一看到鞭子的影子，就能理解主人的意图，迅速调整速度，前进或后退，都能做得恰到好处、精确无误，这是具有敏锐观察力、能够把握先机的一等良驹。

“第二种是好马，当主人的鞭子落下时，它看到鞭子的影子没有立即警觉起来，等鞭子打到马尾的毛端，才理解主人的意图，迅速奔腾起来，这是反应敏捷、健步如飞的好马。

“第三种是庸马，无论主人多少次挥起皮鞭，它看到鞭子的影子，不但反应迟钝，甚至皮鞭打在皮肤上，都毫无反应。等到主人生气了，鞭子接二连三抽打在身上，它才有所感知，按照主人的命令奔跑，这是后知后觉的平凡庸马。

“第四种是劣马，主人挥起鞭子，它视若无睹；鞭子抽打在皮肤上，它也毫无感觉；等主人生气了，双腿紧夹马鞍两侧的铁锥，瞬间刺入皮肤，它才如梦初醒，全力狂奔，这是愚蠢无知的劣马。”

普通和劣质的员工就像职场中的庸马和劣马。他们总是抱怨领导过于严厉，工资过低，抱怨公司没有为他们提供更好的平台，让他们展现自己的才华。

在职场中，无数的“庸马”和“劣马”正在努力为自己的失败找借口，导致他们的职业生涯暗淡无光。相比之下，良马式的员工从不为自己的行为找借口，也从不会抱怨自己的处境和外界的人和事。他们始终坚守信念，朝着目标奋进！

怨天尤人，怎能有精力做好事情

当一个人遇到不顺心的事情时，如果总抱怨运气不好，就很难有进步。越是抱怨，做事越不顺，自然也就形成一种恶性循环。与其抱怨生活，不如去创造生活。责怪他人或环境，只会让事情变得更糟。那些抱怨或者感叹命运多舛的人，往往是懒惰、软弱、不愿意付出努力的人。

古时候，山上住着一户人家，靠打猎为生。

父亲是一位经验丰富的猎人，在山中游走了几十年，捕获的猎物数不胜数，走山路如履平地，从未出过任何意外。然而，有一天，由于连夜暴雨导致路面变得非常湿滑，他不小心从山崖上摔了下来。

两个儿子下山寻找，最后找到父亲。两兄弟小心翼翼把父亲抬回破旧的房子里。遗憾的是，父亲伤势太重，生命垂危。在临终之际，父亲指着墙上挂着的两根绳子，用微弱的声音对两个儿子说："给你们每人一根……"至于绳子的用途，这位老父亲还没来得及说出，就咽气去世了。

两兄弟将父亲安葬后，继续以打猎维持生计。随着猎物逐渐减少，有时一整天都打不到一只野兔，所以他们的生活过得非常艰难。一天，弟弟向哥哥提议："我们做点别的事情吧！"哥哥坚决反对，说："我们家世世代代都是猎人，还是老老实实地做个猎人吧。"

弟弟对哥哥的话并不认同，拿起父亲留给他的那根绳子就走了。他开始是砍柴，用绳子捆起来背到山下换取一些小钱。后来他发现，山里一种漫山遍野的野花非常受山外人的青睐，而且价格相当高。从那以后，他不再砍柴卖，而是每天背一捆野花到山下去卖。几年后，他建起一座属于自己的新房子。

哥哥仍然住在那间父亲留下来的破旧房子中，还以打猎为生，生活得十分艰难。由于经常打不到猎物，生活变得越来越困难，他整天愁眉苦脸，叹息连连，抱怨自己的运气太差。

两兄弟都有一根绳子，命运却大相径庭。如果给你一根绳子，你会怎么做呢？正如威廉·詹姆斯所说："在很大程度上，所谓的灾难完全取决于人们对现象的态度，只要受害者从抱怨转为奋斗，坏事往往就会变成鼓舞人心的好事。在我们试图避免灾难但未能成功时，如果我们愿意面对灾难，乐观地接受它，它的毒刺往往会脱落，变成一朵美丽的花。"

一天，某大型公司公布了裁员的名单，名单上有行政部门的艾米和米娜。根据裁员的时间规定，她们必须在一个月后离职。接到消息后，其他员工看她们的眼神都变得小心翼翼，也不敢和她们交谈。她们的眼圈泛红，毕竟被裁员对任何人来说都是一件不幸的事。

第二天，艾米和米娜依然来到单位工作。艾米的情绪还是很激动，像是怒火中烧，无论遇到谁都会发火。裁员名单是总裁决定的，与其他员工无关，与行政部门也无关。艾米心里清楚，但就是觉得自己很委屈，又不敢找总裁去发泄，于是在倒水、开抽屉时发泄情绪，弄得办公室里乒乒乓乓，响声不断。

尽管如此，艾米还是无法释怀，找到主任诉说不公，找同事诉苦。"为什么要裁掉我？为什么会是我？我一直都做得很好……"她边说边哭。办公室订餐、传递文件、收发邮件，原本都是艾米的工作，现在她也无心去做了。

过了几天，艾米又找了一些人到总裁那里求情，貌似都是重量级人物，艾米觉得事情有了转机便暗自高兴。但不久后，她听说这次是"一刀切"，没有人能够幸免。艾米再次受挫，愤怒达到极点，她的目光在每个人脸上扫来扫去，好像有谁在她背后放冷箭一样。许多员工开始害怕与她交往，尽量避开她。艾米本来是个很受欢迎的人，但现在她如此表现，大家纷纷对她产生反感。

米娜也是一个很受欢迎的人。同事们早已习惯这样对她说："米娜，帮我把这个文件打印一下，快点！米娜，马上把这个文件传真出去！"米娜总是带着温柔的表情，微笑着答应："好的，马上就做。"

实际上，在裁员名单公布后，米娜那天晚上也哭了很久，第二天上班也显得有些萎靡，而一旦打开电脑，她就像平常一样进入工作状态。米娜看到同事们不好意思再让她做事，便主动与大家交流，积极给自己揽活做。她说：“福祸无常，既然事情已经这样了，不如把最后一个月做好，以后可能没有机会做了。”米娜的情绪慢慢平静下来，专心致志地工作。

一个月的期限到了，艾米被迫离职，而米娜却被总裁从裁员名单中移除，留了下来。部门主任当众传达总裁的话：“米娜的岗位，没有人能替代；米娜这样的员工，公司任何时候都不会嫌多！”

这个例子说明，人在面临困境时，不应该一味地抱怨，抱怨除了让自己对他人的态度变得恶劣外，还会让自己内心充满痛苦。抱怨也很容易让事情变得更糟，错过解决问题的好机会，最终导致彻底失败。

在这个世界上，并不存在绝对的幸运者，也没有彻底的不幸者。你有你的困扰，他也有他的烦恼。别人有他们的好机会，你也会有自己的好运气。因此，千万不要过于悲观，更不要作茧自缚，进行痛苦的挣扎。

生活中有好必有坏，不能因月缺，就说月球不是圆的；不能因日食，就说太阳不是永恒的。无论哪一天，都有好与坏，但没有哪一天、哪种环境是完全的好。有些人之所以经常抱怨生活，是因为他们对自己的处境总是持有一种悲观、抱怨的态度，而不是一种乐观、快乐的态度。

抱怨的本质，其实是负面情绪的宣泄

“我错了，我真的错了，我就不该嫁到这个地方来，我不嫁到这儿来，我的夫君就不会死，我的夫君不死，我就不会沦落到这么一个伤心的地步。”看过《武林外传》的观众，肯定对佟掌柜在同福客栈中的这段唱词记忆犹新。该唱词在剧中频繁出现，其内涵已经远超字面意义。每当面临困境，平日里乐观的佟掌柜就会挥动水袖，遮住脸庞，用陕西腔调娓娓道来。

当你在电视机前看到佟掌柜动辄就用类似的表白，而被逗得忍不住大笑时，有没有觉得剧中场景似曾相识，仿佛看到了自己的影子呢？

女友莫名其妙提出分手，器重你的上司突然变得不冷不热，走在马路上一不小心扭伤脚踝，一向精明的你被骗子并不高明的手段所骗……在每一个人的生命历程中，总会突然遭遇各种各样的意外，这些意外让负面情绪如潮水般涌来，伤心、失落、抱怨、烦躁、难过、郁闷也随之成为现代人的口头禅。

约翰在华盛顿的一家知名电器公司任职。当他刚加入公司时，是分店的一名基层员工，主要负责日常的物品搬运和商店的清洁工作。

在这个职位上，约翰勤勤恳恳工作了十年。十年间，他忍受着顾客的刁难、领导的责备、同事的冷落、工作的困扰、妻子的抱怨……总之，这十年他过得很艰难，但由于他始终积极地奋斗着，生活还算是充实而平静。十年后，约翰不再是那个默默无闻的小销售员了，管理着十几家连锁店。然而，当他攀登到事业的高峰时，却逐渐感到失落和空虚。

在一个闲适的晚上，约翰双指间夹着雪茄，站在新别墅的宽大阳台上，想到过去自己刻苦努力的岁月。在过去的十年里，工作似乎一直是他生活的驱动力和中心，他将自己大部分的时间都投入奋斗和社交活动中。

当儿子降生时，他因为要参加一场关键的资格认证考试而无法陪在妻子的身边；父亲突然脑血栓发作住院，他却因商务活动而远在法国；亲人的生日聚会，他总是因忙碌无法参加，只能从糕点店预订一个生日蛋糕送过去；这十年来，他从未给妻子过一次情人节，陪伴孩子去动物园的次数也屈指可数……回想起这十年的付出和努力，现在拥有的荣誉、财富在他眼中变得微不足道，而这座装饰豪华的新别墅，竟然让他感到厌恶。

“我对目前的生活状态感到极度疲倦，日复一日的工作，我没有任何时间去体验生活，和家人一起共度欢乐时光。”

“我将大量时间投入到那些看似无关紧要的事务中，如深夜陪同那些与我有利益关联的客户畅饮、想方设法赢得一些陌生人的好感、参与上流社会中那些乏味且喧闹的晚宴、彻夜待在办公室处理那些无关紧要的数据。我没有时间给孩子换尿布、没有机会参加他的家长会、周末时无法和他一起在花园里打球，因为我必须陪同客户打高尔夫……我对现在的生活感到厌倦，我觉得非常疲惫！极度疲惫！”

当第三根雪茄快抽完时，约翰带着些许愠怒向妻子抱怨一番。抱怨过后，他做出这样一个决定：辞掉工作，过平静、轻松的普通人的生活。

次日，他向上司递交辞职申请。上司劝他再三思考，但约翰的态度很坚定，仿佛十头牛也无法拉回。在劝说无效后，上司只能做出让步：“我不能同意你的辞职申请，但可以给你一个长假，在你想回来工作时，我随时欢迎你。至于辞职申请，我会先为你保管，等你回来上班的那天，我再还给你！”

“那就随你吧，这样单调乏味的生活，我再也不想过了。”说完这句话后，约翰便豪爽地走出上司的办公室。

离职后，约翰带着一些积蓄来到一个景色宜人的小岛度假。那里空气清新，人们的生活安逸、宁静，约翰躺在海滩上，甚至萌生出在这里长期居住的念头。

日子一天天过去，十余天后，约翰再也无法找到初到小岛时的那种悠闲和放松状态，他开始怀念过去繁忙的日子，在这种情绪驱使下，他感到有些烦躁。

于是，他抱怨道："这样的生活有何意义，看着太阳从地平线升起，然后躺在海滩上等待它慢慢落下，简直无聊至极……"

在这样的抱怨中，小岛上的诸多美景再也无法引起约翰的一丝兴趣。又经历五天的寂寥后，约翰便返回曾被他抛弃的那个喧闹世界，继续充满热情地投入到工作中去。

当负面情绪涌现时，抱怨成为人们用来麻痹自己、逃避现实的手段。在负面情绪的驱动下，许多曾经坚守的人生观和价值观在瞬间变得毫无价值，于是，抱怨的事情变得更多，生活似乎变得更加暗淡无光。实际上，当你被负面情绪控制时，那些抱怨和牢骚虽然可以让你暂时放松，但它们并不是你真正需要的。

当这种由情绪波动引发的美好期待得到满足后，你就无法再从中寻找到更多的满足和幸福。只有在面对现实时，你才能在创造价值的过程中，找到自己真正的幸福。

抱怨和逃避，只不过是一场负面情绪的喧嚣盛宴，看起来似乎宏大而隆重，但与追求和理想相比，却显得平淡无奇，没有任何价值。

以平和的心态直面挫折和失败

适时地调整自我，等待机会是生存必备的修养。在人生旅途中，每个人都会有不如意的时候，也会有突然陷入困境的时候。只有在无数次的挫折和锤炼后，人才会变得更加坚韧与成熟。生于忧患，死于安乐。这是古人从众多历史事件中总结出来的警句，直到今天，仍然以其深邃的含义启示着人们。

当你一次又一次地遭遇困境、一次又一次地遭遇失败、一次又一次地遭遇打击时，你可能会问自己："我现在应该怎么做?"甚至会抱怨，为什么命运对自己如此严酷？实际上，此刻的困境并非真正的困境，稍作调整，你对整个事件的看法就会有所转变。

英国劳埃德保险公司曾在拍卖市场拍得一艘船。该船于1894年首次下水，在大西洋上曾138次遭遇冰山，13次发生火灾，116次触礁，207次在风暴中桅杆断裂。

劳埃德保险公司因其不可思议的经历和在保费方面带来的丰厚收益，最终决定将它捐献给国家。现在这艘船就停靠在英国萨伦港的国家海事博物馆里。

让这艘船声名大噪的却是一名来此参观的律师。当时，他刚输掉一场官司，委托人也在不久前结束了自己的生命。尽管这不是他首次失败的辩护，也不是他第一次遇到自杀事件。但每当遇到这样的事情，他总会产生负罪感，因为他不知道如何去安慰那些在商业领域遭受不幸的人。

当这位律师在萨伦海事博物馆看到这艘船时，突然出现一个想法：为何不让他们来看看这艘船呢？于是，他就把这艘船的历史记录下来，并将他和这艘船的照片一起挂在律师事务所里，每当商界的委托人请他辩护，无论胜败，他都建议当事人去看看这艘船。

因为这艘船的经历告诉我们：在海洋中航行的船只没有不受损的，没有谁的生命之旅能够一帆风顺。即使反复遭受打击，仍然需要坚定地、不屈不挠地坚持下去。

通往成功的道路上充满荆棘，也充满无数的辛酸与痛苦、困难与挫折。可以说，所有的成功者在取得成功之前都是失败的专家。

在奋斗的征程中，有些人只向前走了几步就放弃了，成为一个怨天尤人的小人物，消失在茫茫人海中；有些人走得稍微远一些，但也没有坚持下去，因为多次的失败让他焦头烂额，不断抱怨，于是选择了撤退；有些人走得更远一些，甚至走到了离成功只有一步之遥的地方，而那一刻必定是他人生中最黑暗的时刻。

只要能再前进一小步，成功就会属于他。因此，我们应该坚持，绝不让一时的抱怨阻碍我们迈出那一小步。

有个年轻人大学毕业后，进入一家外资公司工作。他的职位有些类似于秘书，但大家都称呼他为“助理”。他从大学的学生领导变成别人的助理，心理落差让他很不舒服，特别是当老张、小李等人随意叫他去做杂事时，总有一股怒火在心中燃烧，好在没有当场爆发出来。

事后冷静思考，他们并没有错，自己的职责就是处理这些琐碎事务。刚入职时，王经理也提前告诉过他，但每当涉及具体的工作，他的情绪就有些失控。有时候咬牙切齿地干完某事，又要带着笑容向相关人员汇报说：“我完成了！”有几次还与同事发生争执。从那以后，他的日子更不好过了，孤傲不成，倒是成全了孤独。

一天，女秘书小吴不在，王经理便叫他到办公室去整理一下办公桌，并煮一杯咖啡。年轻人硬着头皮去了，王经理立刻看出他的不满，便直截了当地指出：“你感到很委屈对吧？我相信你有才能，但必须从基础做起！”

年轻人内心一震：“他竟然理解我！”他微笑着表示感谢。经理让他先坐下来，聊聊近况。可没有椅子，自己总不能和经理并排坐在沙发上吧？经理究竟在开什么玩笑？

此时，王经理微笑着含蓄地说：“心中怀有不满的人，永远无法找到一把舒适的椅子。”看到经理如此亲切友好，年轻人放松了很多，心里想：“原来，王经理并不像一个‘剥削者’，更像是我的一个合作伙伴，只不过，他是长辈，我必须尊重他。”

咖啡煮好后，年轻人开始整理王经理的办公桌。桌子上有一盆黄色的细沙，细细的，柔柔的，散发着阳光般的光泽。他很好奇，心里想：“这是用来做什么的？又不是种植仙人掌，真是奇怪！”

王经理似乎洞察出他的心思，伸手抓一把沙，握紧，黄沙从指间滑落，显得很美。他神秘地笑了笑：“年轻人，你以为只有你心情低落，有情绪，其实，我和你一样，只不过我学会了控制情绪，不再抱怨而已……”

原来，那盆沙是用来舒缓情绪的，是经理一位研究心理学的朋友赠送的，一旦他想发火时，可以捏捏沙子，缓解紧张和激动的情绪。

朋友的这份礼物，已陪伴他从青年步入中年，也教导他从一个冲动的年轻打工者，成长为一名稳健、熟练、理智的管理者。王经理说：“先学会控制自己的情绪，才能更好地管理他人。”年轻人的心情一下子变得明朗许多，他伸出手抓起一把沙子，金黄色的细沙从指缝间缓缓流出。

古人云，“十年河东，十年河西”，意味着即使现在的环境看起来不太理想，但总会有转机的一天。这句话鼓励人们学会忍耐当前的困难，等待时机的到来。

在人生旅途中，遭遇失败和挫折是常态，而不是例外。我们可以抱怨命运的不公，也可以从失败中汲取教训，调整自己的行动方向，改变策略，直到看到希望的曙光。将每一次失败视为新的开始，将失败看作通往成功的阶梯，将旅途中的风景视为独特的体验来欣赏，这是多么美好的事情啊！

停止抱怨，生活之美就会在眼前出现

一个园艺师养了一匹马。这匹马每天都要做很多工作，园艺师给马的食物却很少。这匹马心存抱怨，向上天祈求为自己选择一个新的主人。上天答应了，满足了马的这个愿望。接着的情况是，园艺师把马卖给一个陶艺家。对此，马非常高兴。

让马没有预料到的是，在陶艺家那里，需要完成的任务更多。这匹马再次抱怨自己的命运不好，再次向上天祈求为它找一个更好的主人。上天又答应了。

很快，马被陶艺家卖给一位制鞋匠。当马在制鞋匠的院子里看到马皮时，它大声地叹息："天哪，我真是太可怜了！我宁愿跟着最初的主人过日子，也不想来这里。看来，制鞋匠买下我，不是让我做事，而是想杀了我，剥下我的皮。"

其实，很多人的生活中都在上演着马的故事。他们整天抱怨这个不好那个不好，并不是因为事情真的像他们说的那样糟糕，而是因为他们不知道还有更糟的情况。

当我们抱怨自己不幸时，有很多人比自己更不幸，所以要学会满足和珍惜。那么，在现实生活中，为什么有些人总是抱怨自己的生活不如别人幸福呢？

部分原因是个体缺乏"福眼"，所谓"不识庐山真面目，只缘身在此山中"。更准确地说，是"身在福中不知福"。实际上，幸福无处不在，无时不在。例如，有一份稳定的收入，不必为生活所需而烦恼；有一个和谐的家庭，疲惫时可以提供庇护；有一群真诚的朋友，悲伤时可以倾诉心声；有一间舒适的卧室，可以安然入睡；甚至在炎热的夏日有一杯冷饮，寒冷的冬日有一碗热汤，这些都是幸福的表现。然而，有些人就是看不见，整天抱怨，从而忽视了原有的幸福。

此外，那些在生活中觉得缺乏幸福的人，往往与他们内心深处的那些习惯性的悲观想法有着紧密的联系。心怀悲观的人，会让事情变得更糟。心怀美好的期待，幸福会环绕在你身边。因此，如果能减少抱怨，转变思维方式，习惯于寻找和展示生活中的阳光面、快乐面，那么你肯定会成为一个充满幸福感的人。

有些人总喜欢回忆过去，这也是无休止抱怨的一个重要原因。人的一生，总会经历风雨变幻、坎坷曲折，遭遇过挫折甚至失败，有些经历甚至痛入骨髓。当这些痛苦经常在思绪中徘徊、纠缠、“反复体验”时，就会“痛定思痛”，从而增加了许多烦恼和忧虑，从而抱怨自己的命运不幸。

有这样一个故事，说的是佛陀为了了解人们的痛苦，听到人们的抱怨，便从人间挑选 1000 个认为自己是最痛苦的人，给他们准备好纸和笔，让这些人将自己所抱怨的痛苦写在纸上。当他们写完后，佛陀说：“现在，请你们把各自的纸条交换阅读。”结果，这 1000 个人交换阅读了别人的纸条之后，都非常震惊。以前，每个人总觉得自己是最不幸的人，现在才明白很多人比自己生活得更不幸，那么还有什么理由去抱怨呢？

从现在开始，停止抱怨，用心去发现生活的美好，并学会赞美生活吧。

当你是石子时，没资格抱怨命运的不公

有个人自认为才华横溢，由于一直没有得到应有的重视，他每天生活在忧郁之中。

一天，他再也忍不住了，跑到神灵那里质问道："为什么命运对我如此不公？"

听完这个人的抱怨，神灵没说一句话，只是捡起一颗小石子，将其扔进石头堆中。

然后，神灵对这个人说："我刚才扔掉的那颗小石子，麻烦你帮我找回来。"

这个人虽然觉得这颗石子与他无关，而且神灵的行为也让他非常困惑。但他还是按照神灵的要求去做了。然而，他翻遍整个石头堆，也没有找到那颗小石子。

神灵看到这个情况，摘下自己手上的金戒指，以同样的方式扔进了石头堆中。这一次，那个人迅速找到了金戒指。

这次尽管神灵没说什么，这个人却立刻明白了：当自己还只是一颗石头，而不是一块闪亮的金子时，就永远不要抱怨命运对自己的不公，当务之急应该努力将自己变成金子。

在出演《武林外传》之前，闫妮一直是个不太出名的演员，参演了很多剧目，大多数都是小角色，有时只有几句台词。成名后，闫妮说："我认为金子是一定会发光的，但这个前提就是你要坚持，要去努力。如果你每天怨天尤人那不行，但是保持一个好的心态，去坚持，去拼搏，你一定会有那一天。其实我觉得老天爷都是很公平的。"

索尼公司的创始人盛田昭夫，曾经分享过一个令人深思的故事。

在索尼公司，东京帝国大学的毕业生一直受到高度的欢迎。大贺典雄才华出众，毕业于帝国大学，加入索尼公司后，与盛田昭夫有过多次争论，由于他直言

不讳，盛田昭夫对他非常欣赏和重视。

有一天，盛田昭夫竟然将大贺典雄调到生产线上，让他成为一位普通工人的学徒。这出乎许多人的预料，有些人甚至怀疑大贺典雄得罪了盛田昭夫。当然，也有一些人为大贺典雄感到不公，但大贺典雄对此并没有任何抱怨，只是以微笑回应。

一年后，更令人意外的事情发生了，仍然是学徒工的大贺典雄竟然被直接提升为产品总经理。在一次员工大会上，盛田昭夫为大家解开了谜团："要担任产品总经理，需要对产品有非常清晰的了解，这就是我将大贺典雄调到基层的原因。让我感到欣慰的是，大贺典雄在他的岗位上勤勤恳恳，表现得非常好。不过，让我坚定提拔他的决心的是，整整一年，他在条件简陋的工作环境中不仅没有任何抱怨，反而乐在其中。"

听完这番话，人们豁然开朗，纷纷报以热烈的掌声。5 年后，也就是在大贺典雄 34 岁那年，他成为公司董事会的一员。这在日本企业中，尤其是那些比较保守的企业中，是非常罕见的。

面对生活中的困扰和不公，抱怨既无济于事又苍白无力。抱怨只会限制思维，让目光变得短浅。一个人如果对自己的现状不满，唯一的解决办法是通过努力去改变现状。奥地利小说家茨威格曾经说过："机会看到抱怨者就会远远避开。"

现实生活中难免会遇到各种各样不如意的事情，因此必须学会调整和控制自己的情绪，同时，我们还需要对自己的状况进行理性分析，确定好前进的方向，然后为之付出努力，只有这样，才会让自己这颗普通的石子华丽转身为闪闪发光的金子。

不畏惧失败，要有屡败屡战的勇气

爱默生曾经说过：“伟大人物最显著的特征，就是具有坚定的意志，无论环境如何变化，他们的初心和希望，始终不会有任何改变，他们终将会克服所有困难，实现自己的理想。”“在失败中寻找胜利，跌倒了再站起来。”有人问一个孩子是如何学会滑冰的，那个孩子说：“跌倒了再爬起来，爬起来后再跌倒，就这样学会了。”其实，跌倒并不算失败，站不起来，才是真正的失败。

因此，要了解一个人的品质，最好的方式是看他在遇到困难后如何行动。他能否激发斗志，能否想出更多办法。他是勇往直前，还是灰心丧气、不断抱怨？

“我在这里已经工作了30年，”一位员工抱怨自己没有晋升，“我比你提拔的许多人更有经验。”

“不，”老板说，“你只有一年的经验，你没从自己的错误中学到任何经验与教训，你仍然在犯你第一年工作时的错误。”

可见，抱怨是一种愚蠢行为，老板的回答也昭示出不能从错误中吸取经验与教训是一种遗憾。即使是一些微不足道的错误，也应该从中学到经验。错误造成的损失是否严重，往往不在于错误本身，而在于犯错者的态度。能从失败中学习的人，就能将损失降到最低。

也许过去的经历对一些人来说是一段充满痛苦和失望的历程。因此，有些人在回顾过去时，会觉得自己一直在失败、一事无成，如创业失败，曾经的好友反目成仇，晋升的机会被别人抢走，家庭生活难以维持……在这些人看来，自己的前景暗淡无光。即便这样，只要不轻易放弃，不肯服输，屡败屡战，成功终将属于你。

美国知名的电台播音员莎莉·拉斐尔在她30年的职业生涯中，曾经被解雇18次，但是每次她都把目光投向更高的地方，设定更大的目标。

最初，美国的广播电台认为女性播音员无法吸引听众，没有一家电台愿意雇用莎莉。莎莉并不灰心，通过一次又一次努力，终于在纽约的一家电台找到工作。但她还没来得及细细品尝这份欣喜，很快就被解雇了，理由是无法跟上时代的步伐。

莎莉并没有抱怨，总结失败的教训后，又向全国广播公司电台推销自己对节目的构想。电台勉强同意了，但让她主持政治频道。“我对政治的了解并不多，恐怕很难做好。”她曾一度犹豫，但信念使她大胆地去尝试，于是就利用自己的优势和亲民风格，大谈 7 月 4 日美国国庆节对自己有何意义。此外，她还邀请听众打电话来分享他们的感受。听众立刻对这个节目产生兴趣，她也因此一夜成名。

后来，莎莉·拉斐尔成为自办电视节目主持人，曾两次获奖。在美国和加拿大，每天有 800 万观众观看她的节目。她说：“我被解雇 18 次，原本可能会被这些经历吓倒，选择放弃，无法实现我想做的事情。实际上，我自始至终没有任何怨言，更不会抱怨命运对我不公，反而更能激起我的斗志，让我继续勇往直前。”

失败是一种挑战，也是一种考验。那些没有勇气去奋斗、选择自我放弃的人，其目标会离他们越来越远。而那些无所畏惧、勇往直前、不怨天尤人的人，最终会实现目标。

闭上嘴巴，现在就行动吧

一般来说，人们所遇到的事情大致可以分为两类：一类是可以改变的，另一类是无法改变的。对于可以改变的事情，大多数人通常能够坦然面对；对于无法改变的事情，却常常抱怨。然而，抱怨只会让思维变得狭隘，心胸变得狭窄。一个满脑子都是抱怨的人，很难想象会有一个美好的未来。抱怨只会让他们与周围的人格格不入，也会让他们的发展之路越走越窄。

美国的巴顿将军是“二战”中的著名将领。他在回忆录《我所知道的战争》中，讲述了这样一个故事。

“当我提升军官时，我会把所有合格的候选人召集起来，给他们一个任务。我会告诉他们：‘各位，你们的任务是在仓库后面挖一条战壕，要求是长 8 英尺，宽 3 英尺，深 6 英寸。’任务布置完毕，我会离开现场。不过，我会在仓库里通过窗户暗中观察他们的表现。

“我注意到，当给他们分配任务时，许多人会将锹和镐放在地上，讨论为什么要挖这样一个浅战壕。一些人会发牢骚，说 6 英寸作为炮弹的掩体都不够。还有人抱怨说，作为军官，不应该做这种体力劳动，这应该是普通士兵的工作。最后，有人大声说：‘我们完成任务后就离开，那个老家伙想怎么用这个战壕，随他去吧。现在，让我们开始工作吧！’”

最后，巴顿写道：“那个人获得了提拔，我必须挑选不抱怨地采取行动并完成任务的人。”

实际行动远比抱怨来得有力。抱怨人人都会，行动却不多见。当你抱怨时，不仅会影响自己的心情，也会影响他人。为什么不停止抱怨，采取行动，努力解决问题呢？调整自己，闭上抱怨的嘴，然后以积极的心态去面对生活和工作中的挑战。

迈克教授是马修尔的导师和上司，性格开朗豁达。马修尔的论文主要涉及洛杉矶市政府的咨询项目，这也是他进入咨询行业的第一步。当时，迈克教授不仅是洛杉矶分校的教授，还是城市规划委员会的领导人。

但有一天，迈克教授严厉地对马修尔说："马修尔，你到底怎么了？市政府的一些人经常向我反映，你在那里似乎态度消极，容易发怒，喜欢批评别人，还总是抱怨。你能解释一下吗？"

"教授，你可能无法想象，市政府的工作效率竟然如此低下，而且他们的发展目标也存在严重问题。"马修尔的声音中充满了不满，"那里的问题实在太多了！"

"哦，这真是个惊人的发现！"教授半开玩笑地回应道，"马修尔，你竟然发现了市政府的效率问题，这很不寻常。但我必须告诉你，街角的理发师早就注意到这些问题，甚至比你还要早。还有其他什么事情让你烦恼的吗？"

显然，马修尔并没有理解教授的挖苦言辞，他继续表达自己的观点，指出市政府的行动在很多情况下似乎偏向那些曾经给予捐赠的富裕人士。教授听到这些话后，带着笑意回应："又一个重要的发现！你的判断力很强，眼光也很敏锐。遗憾的是，我必须告诉你，我们社区的理发师也注意到了这个问题。孩子，实话告诉你吧，按照你现在的情况，要给你授予博士学位还真是有些困难。"

教授注视着马修尔，严肃地说："我知道，你现在一定在想，我已经老了，跟不上时代了。但请允许我以一个过来人的身份给你提一些建议。我认为，你目前的言行对未来成为你客户的人没有丝毫帮助。现在，给你两个选择。第一，你可以继续愤慨和抱怨。如果你选择这条路，我会解除你在市政府的工作，并且你永远也别想从我这里拿到博士学位。第二，你可以成为一个不断提出建设性、可行性意见和方法的咨询顾问，而不是评判家。孩子，你打算选择哪一条路呢？"

马修尔毫不犹豫地回答："教授，我知道自己错在哪里了。"

马修尔从教授那里上了人生中很重要的一课。一个真正有才华的人，绝对不会是那种只懂得用言语评判是非、指出对错的人，因为这是大多数人都能做到的。一个真正有能力的人，在面对不如意的情况时，会以实际行动来应对，而不是喋喋不休地指责和抱怨。

很多年前，阿济·泰勒·摩尔顿担任美国财政部部长一职。一天，她在南卡罗来纳州的一所学院发表演讲。站在麦克风前，她先扫视全场听众，然后说："我的生母双耳失聪，也没有说话的能力。我不知道自己的父亲是谁，也不知道他是否还活着。我这辈子找到的第一份工作，是在棉花田里做事。"

听到这里，台下听众大为震惊。她继续说："一个人的未来不是由运气、环境或出生状况决定的。即使情况不尽如人意，仍然可以通过努力改变它。如果你想改变眼前的不幸或不如意，只需回答一个简单的问题：我渴望情况变成什么样？然后全身心投入，不带抱怨地采取行动，朝着理想目标前进。"说完这番话，她的脸上露出微笑。

如果当初阿济·泰勒·摩尔顿一味抱怨生不逢时，那她肯定无法摆脱"到棉花田去做事"的境地，更别提成为美国财政部部长了。

接下来，不妨仔细回想一下：我说过类似这样的抱怨之语吗？"我当初入错了行！""那个顾客简直烦得要命！""我就等下班的时间点了，我才不想加班呢！""不知道偷懒的人好傻！""每天干活累得像头耕牛似的！""领导太没有人情味了！""今天的天气好糟糕啊！""我简直是生不逢时！""每天挤地铁，快挤成肉饼了！""我命怎么这么苦？""为什么倒霉的总是我？"

如果你曾经说过上面这些言论，那么你能否尝试一个月不发表任何抱怨的言论呢？如果能做到，向你致敬！因为你正在悄然改变自己，而你需要做的就是，持续不断地刷新自己的不抱怨的纪录。如果在困境中还有力气抱怨，不如闭上嘴巴，积极寻找解决问题的方法。

第四章

远离烦恼：淡然中遇见生活的美好

一个人之所以烦恼，是因为羁绊太多。解决烦恼的本质在于看清烦恼背后人的欲望以及相关的情结，然后进行调节，以好好爱自己的心态，让心平静下来，烦恼自然就会消失。

烦恼是消极情绪的体现

在日常生活中，许多人常常因为一些小事而烦恼。大多数人都一致认为烦恼具有这些特点：烦恼总是包含着人们的一些主观想象和猜测，想象中的事情并不一定是真实的，但由想象引发的烦恼却真实存在；烦恼总是包含着人们的一些推断，有时候，这种推断甚至会让人对自己的猜测深信不疑；烦恼的事情数量众多，随时随地都可能发生，无法逃避、无法隐藏，总让人感到不顺心、不满意，想要发泄出来却不知道从何说起。

因此，心理学家得出观点：人的情绪并非直接由某个事件引发，而是由于个体对事件的理解和评估持有悲观态度，从而形成了特定的信念，最后导致消极情绪的出现。换言之，烦恼的源头在于如何看待事件，而不是事件本身，就像一位心理学家所说："态度比事实更重要。"

这个观点在心理学领域被称为ABC模型：A代表某个事件，B代表信念，C代表个体的情绪和行为。A并不直接导致C的产生，但却能通过中间的B产生影响。

以张先生为例。他被公司解雇了，他认为自己为公司做出了巨大贡献，却因为部门领导的嫉妒而被解雇，这种信念让他觉得自己受到了不公平的对待，他开始更加厌恶解雇他的部门领导，从而陷入烦恼和愤怒之中。如果张先生换个角度想，"这个公司的领导嫉妒心重，我在这里也没有什么发展前景，不如利用这个机会跳槽到其他公司，或许能有更好的发展机会"。这就是ABC模型的应用。

与前者相比，后者更加理智和乐观，这种信念能够改善个人的情绪。因此，当你被烦恼、愤怒等负面情绪困扰时，在深究原因的同时，不妨换个角度审视自己的态度，反思一下自己是否过于悲观。如果确实如此，就需要及时调整自己的心态，并重新评估所发生的事情。无论何时，都要记住这句话："生活就像一面镜子，你对待它的方式，就是它对待你的方式。"

一对年轻男女步入了婚姻的殿堂。爱情的甜蜜期过后，他们开始面临生活的种种挑战。妻子因为经济拮据而沮丧，梦想着拥有更多的财富，1 万、10 万，甚至 100 万。然而，他们的积蓄非常有限，仅够支付基本的生活费用。

她的丈夫则是一个积极乐观的人，总是寻找机会开导妻子。

某日，夫妻二人一同去医院探望一位朋友。这位朋友说，因工作过度劳累而生病，经常为了赚钱而牺牲休息时间。回家后，丈夫向妻子提出一个问题："如果给你钱，你必须像他一样住院，你愿意吗?"妻子思考一下，回答说："不愿意。"

数天后，这对夫妇外出郊游，路过一座精美的别墅。从别墅里走出来一对白发苍苍的老人。丈夫问妻子："如果现在让你住进这样的别墅，同时让你变得像他们一样苍老，你愿意吗?"妻子毫不犹豫地回答："不愿意。"

他们所在的城市破获一起抢劫案，团伙抢劫的金额超过 100 万，首犯被法院判处死刑。罪犯被押送刑场的那一天，丈夫对妻子说："如果给你 100 万，让你立即去死，你愿意吗?"妻子生气地说："你在说什么呢? 就算给我一座金山我也不愿意!"

丈夫笑了："这就对了。你看，我们其实是如此的富有：我们拥有生命，拥有青春和健康，这些财富已经超过 100 万……我们还有创造财富的双手……既然我们这么富有，你还有什么好烦恼的呢?"

妻子仔细思考丈夫的话后，调整心态，从此也变得快乐起来。

这个故事告诉我们，人生的财富除了金钱之外，还有许多更重要的东西。遗憾的是，很多人无法看到这一点，因此产生了许多烦恼。

生活中，有时遇到的烦恼和不满会像雾霾一样遮住我们发现快乐和幸福的双眼。只有走出这片雾霾，积极生活，才能真正充分地感受生活的美丽和多彩，愉快地享受生活。

另外，各种各样的烦恼源于内心的杂念、执着和妄想。当烦恼产生时，不要沉溺于消极情绪中，而是要学会调整心态，保持平常心，顺其自然。过于执着于一时一事的得失，只会让自己陷入烦恼的包围之中。

烦恼皆自找，始终保持快乐心情最为重要

有观点认为，世界上最难获得的同时也是最易获得的，就是快乐。快乐无须任何理由，而不快乐却有很多借口。快乐既是一种能力，也是一种智慧。在生活中，每个人都会遇到烦恼，这些烦恼往往是自己造成的。

可以说，情商高的人擅长淡化烦恼和寻找快乐。他们通常性格开朗，喜欢社交，朋友众多；他们拥有广泛的兴趣爱好，生活充实；他们热爱运动；他们天生乐观，积极向上，同时懂得知足；他们能够应对挫折，相信任何困难都是暂时的，乌云总会散去。

人的情感包含喜怒哀乐，不同的人处理烦恼的方式各不相同。例如，积极乐观的人很少自寻烦恼，并能将烦恼化为快乐；而消极悲观的人则喜欢无病呻吟，一旦遇到烦恼，就会忧愁万千，难以摆脱。

可见，通常情况下，烦恼往往是自我造成的，而某些所谓的问题实际上并不值得烦恼。假设你已经是一名主管，负责管理一大群人，但你却一直渴望成为经理。当这个职位被另一个经验不如你的人获得时，你会感到不满，可你没有意识到，主管这个职位也是许多人梦寐以求的。更何况，职位越高，责任和烦恼也随之增加。还有的人为钱而烦恼，有了一万想两万，有了两万想三万……

当我们在为种种苦恼之事感到失落甚至掉泪时，其实快乐就在身边朝我们微笑。做一个快乐的人并不难，拥有一个幸福的人生也很简单，关键在于我们的心态。

从前，一位智者遇到一个对他怀有敌意的人。这个人持续几日跟随智者，用尽各种手段来辱骂他。令人惊讶的是，智者仿佛未曾听见，从未与之争辩。那个人很困惑，便询问智者如何做到如此淡定。

智者反问："如果有人给你一个礼物，你选择不接受，这个礼物最终归谁所有？"

那人回答："当然还是属于那个给礼物的人。"

智者微笑着说："正是如此。我不接受你的侮辱，这些话语只能归于你自己。"

那人顿时明白其中的道理，不好意思地摸了摸鼻子，默默地离开了。

在这个故事中，智者通过忽视、不理会或拒绝接受他人的敌意，无论他人如何辱骂或对待他，都不会影响他。换句话说，生气就像是用别人的过错来惩罚自己，而你才是真正受伤的一方。因此，保持内心的平静至关重要，因为烦恼往往是自己造成的，只要不接受别人"赠送"的烦恼，就没有人能够破坏你的好心情。

心理治疗专家比尔·利特尔经过研究认为：一个人若有以下心理或做法，必定会自寻烦恼。

1.总把问题的症结归结到自己身上

你是否曾以为别人不喜欢你是因为你自己做得不够好？你是否曾认为，同事受到上司的责备，也有你的责任？如果你总是将负面原因归咎于自己，那么你肯定会因此烦恼和郁闷。

2.顾影自怜，认为自己是殉难者

例如，你或许常听到有些家庭主妇这样表达不满："感觉没有人真的在乎我，对家里人来说，我只是个做家务的人。"同样，一些工作繁忙的男性也可能会表示："我已经筋疲力尽了，但似乎没人注意到，感觉自己被人利用。"要明白，如果总是这样想，必定会使你烦恼，这种负面情绪还可能影响到周围人的感受，使自己的心情更加糟糕。

3.只做白日梦

最可怜、可悲的人莫过于那些总是做白日梦的人，如果不重新调整自己的目标，那些无法实现的目标同样会让你烦恼不断。

4.制造隔阂

你不懂得怎么讨好别人，你从未赞美过他人，总是挑刺儿、埋怨，好与人争论，这是制造隔阂、自寻烦恼的“妙法”。

5.只看到消极面

不必总是回想自己遭受的忽视或不公，也不要一再纠结于自己的损失。如果你持续这样思考，便会陷入负面思维的循环，从而给自己带来不必要的烦恼。

6.总是拖延问题

当问题出现时，应立即着手解决，因为此时解决较为容易。拖延不处理，问题就会像滚雪球一样越来越大，最终变得不可收拾。切勿认为“既然错过了解决问题的时机，索性再往后拖延”，这样的做法只会让问题变得更糟，最终导致内心的愤怒和苦恼持续积累，甚至持续数月或数年。

事实上，成为一个快乐的人并不难，拥有幸福的人生也并不复杂，只要摒弃一些不良的心理习惯和行为习惯，就能够实现这一目标。需要明白的是，世界上没有人因烦恼而获得好处，也没有人因烦恼而改善了自己的处境，但烦恼却在损害着我们的健康，耗费着我们的精力，扰乱着我们的思维，降低着我们的工作效率，影响着我们的生活质量。

只要拥有生命，任何烦恼都一文不值

第二次世界大战期间，一位名叫罗伯特·摩尔的水兵在美国的一艘潜艇上担任瞭望员。一天清晨，潜艇在印度洋水下航行时，他突然发现一支由不同舰船组成的日本舰队正接近他们。潜艇瞄准了队伍中最后一艘船只准备发动攻击，那艘船却意外地转向，直接朝着潜艇驶来。原来，一架敌方飞机已经发现潜艇的位置，并向舰队发出警告。潜艇只能紧急深潜，以躲避水雷船的炸弹。

三分钟后，潜艇周围几乎同时爆炸了六枚深水炸弹，潜艇被迫下潜至 83 米深的海底。摩尔知道，一旦有一枚炸弹在潜艇周围 5 米内爆炸，潜艇将遭受严重损坏。

面对危机，潜艇采取静止不动的策略，关闭所有电力和动力系统，船员们静静地在各自的位置上。摩尔非常害怕，呼吸都变得困难。他在心里反复问自己，这是否就是生命的终点？因为潜艇内部没有开启冷气和电扇，温度超过 50℃，但摩尔还是感到一阵阵寒冷。他裹紧大衣，牙齿依旧咯咯作响，全身不由自主地颤抖着。

日军军舰持续轰炸了 15 个小时，对摩尔来说，这段时间仿佛比 15 年还要长。在那沉寂的深海中，他过去生活中的不幸和烦恼似乎都浮现在眼前：在加入海军之前，他在税务局工作，总是因为重复单调的工作而烦恼；他对薪水太低和晋升无望感到不满；他因为买不起房子、豪车和名牌服装而苦恼；下班回家后，还常因小事与妻子争吵……这些曾经的烦恼，在面临生死考验的潜艇中显得如此微不足道。摩尔在心中发誓，如果能够活着再次见到天空中的日月星辰，他将不再让这些琐事影响自己的心情。

经过一段时间紧张的等待，日本舰队停止轰炸并离开了。摩尔和他的战友们终于可以让潜艇浮出水面。

第二次世界大战结束后，罗伯特·摩尔回国重新工作。从那时起，他更加珍惜生命，懂得如何过上幸福的生活。他说：“在那骇人的15个小时中，我深刻体验到，对于生命来说，世界上任何烦恼和忧虑都是微不足道的。”

是的，生命是上天赐予我们的礼物。所有的痛苦、悲伤、打击、挫折和灾难都只是暂时的，而失去生命则永远无法弥补。只要拥有生命，任何不如意的事情都不值一提。

生命的价值远超世间的一切。可以用这样一个比喻来形容：假设人生是一串数字，生命就是这串数字的首位“1”，财富、声望、权力、事业、爱情、家庭和友谊等都像是随后排列的“0”。如果没有了最初的“1”，无论后面跟着多少个“0”，它们都将失去存在的意义。

医生为一位知名企业家进行诊疗时，劝他要注意休息。这位企业家却回应道：“医生，您并不了解我的情况。我每天承担着巨大的工作量，没有人能帮我分担一丝压力。我每天都提着沉重的手提包回家，里面装满文件！如果我有足够的时间休息，过上惬意的生活，我就不会如此烦恼。”

“那你有没有考虑过，为什么晚上还要处理那么多文件呢？”医生问道。

“那些都是必须处理的紧急事务。我不处理，谁来处理呢？”企业家抱怨道。

“难道没有人帮你吗？你的助手呢？”医生继续追问。

“这不行！交给别人，出了差错怎么办？我认为只有自己才能做出正确的批示。而且我必须尽快处理完，否则公司会陷入困境。”

“好吧！我已经了解到你的情况。我会给你开一个特别的处方，你能按照这个处方行事吗？”医生问道。

企业家点了点头，表示理解。随后，他接过医生递给他的处方，上面写着：每日需安排两小时进行散步，每周至少抽出半天时间，在陵园中度过。

企业家困惑地问：“每天安排两小时散步，可以理解。为什么要在陵园中待这么久呢？”

医生平静地解释道：“这是因为……我想让你走走停停，观察那些已经离我们而去的人的墓碑。他们中的许多人生前可能和你一样，肩负着重大的责任，如今都已长眠于此。终有一天，你将会和他们一样不在人世，但地球并不会因为你的逝去而停止转动。同时，还有许多人，就像你现在一样，因工作而筋疲力尽，牺牲了自己的健康。我建议你在墓碑前静静思考这些摆在你面前的事实。”

医生的这番话让企业家恍然大悟。自那日起，他按照医生的建议调整了生活节奏，把一些工作交给他人。他开始理解，生活不仅仅是为了工作。渐渐地，他的内心趋向平静，生活质量也有了明显的提升，事业也蓬勃发展。

有些人往往不懂得珍惜拥有的东西，失去后才懂得珍惜。当面临即将失去而又无力挽回时，会竭尽全力想要保留，当费尽九牛二虎之力却收效甚微时，才会后悔不已。

在疾病面前，生命会显得非常脆弱。当你为生活、工作中的一些事情烦恼时，不妨想一想，与生命和健康相比，为一些小事情而烦恼，是否值得。

大多数烦恼属于杞人忧天

古人云："天下本无事，庸人自扰之。"这句话说明有的人常常杞人忧天。虽然我们生活在文明的现代，但仍不断重演着这种愚蠢行为。世间很多烦恼都是自己的担忧造成的，结果是烦恼了半天，却什么事也没发生。有些人因微不足道的小事而心情沮丧，陷入无休止的烦恼中。还有一些人明明知道自己的担忧只是杞人忧天，却仍然放不下，长时间甚至一辈子都无法释怀。

有位裁缝师傅，夜里经常失眠、睡不着，白天则精神不济。他的一位朋友见此状况，建议他睡觉时试着数绵羊，数到 200 只左右时就可以睡着。

裁缝师傅照做了。第二天，这位朋友来到裁缝铺，看到他眼睛红肿，便知他又是一夜没睡好。

朋友问："昨天你睡觉时没有数羊吗？"

裁缝师傅疲惫的脸上挂着委屈，说："数了呀。"

朋友又问："是不好使，还是什么原因？"

裁缝师傅说："我岂止数了 200 只。当数到 4000 只时，出现困意，很快就要睡着。可是，我的脑海中出现一些事情。"

朋友忙问："什么事情？"

裁缝师傅说："要是把这 4000 只绵羊的毛剪下来，加工成的毛料，可以裁制成 4000 套高档西装。天呐，要是让我做这 4000 套高档西装，我是请工人呢，还是自己做呢？要是自己做，至少需要十年才能完成。想到这里，我就烦恼不已，整个晚上都无法入睡。"

在这个故事里，且不说数绵羊是否能助眠，假定其对裁缝师傅的睡眠有所帮助，数到 4000 只后，进入睡眠状态。而接下来他脑海中出现的事情，则属于杞人忧天的范畴。

生活中的许多烦恼往往是心理上的问题，过度思考、心情沉重、情绪低落，导致许多人常常自找麻烦，自我套上枷锁，折腾得自己筋疲力尽。当然，这种来自自我内心的困扰，常常难以察觉，更难以用笔圈定。将无须担忧的烦恼，误认为是提前做好准备，这样只会在无结果的思考中浪费更多时间。

有位先生，经常觉得工作中的事情琐碎且复杂，生活压力巨大，因此他每天都满脸愁容，仿佛每天都有重担压在肩头。妻子看到他的样子非常心疼，总是安慰丈夫不要对自己要求过高，不要过于追求完美，建议丈夫试着放松自己。妻子的话语，并未引起丈夫的重视，仍旧每天烦恼不断，脾气也越来越差。妻子知道再这样下去，丈夫会出现心理疾病。在一次安慰无果后，妻子向丈夫发了脾气。欣喜的是，丈夫听从了妻子的建议，并一起外出度假两周，以改变心情，减轻压力。

度假中丈夫意识到，他所烦恼的一些事不会真实发生。例如，工作离开了他还在稳步向前推进，丝毫没有影响。再者，有妻子体贴入微的关怀，他渐渐认识到，自己以前很多的烦恼属于杞人忧天。想通以后，他彻底放松心情，与妻子一起，畅游在山水之间，感受自然的美好。

有时候我们会发现自己过于忧虑，思考过多。实际上，很多烦恼都是自己装入心中的。如果你有自寻烦恼的习惯，不是危言耸听，每向前迈进一步，你的烦恼也会跟着加倍。

大量证据表明，在我们的烦恼中，只有百分之八的烦恼有一定的积极意义。这意味着，百分之九十二的烦恼都是自寻烦恼。人常常为许多事心烦，但心烦的事不一定值得，如果不该烦而烦，就是自寻烦恼。对根本不必操心的事而过度烦心和焦虑，则是杞人忧天。因此，要学会避免自寻烦恼，不给烦恼过多的生长空间，尽可能做一些能让自己精神愉快的事情，也尽量不和他人一起抱怨这抱怨那。当真正的烦恼来临时，试图找到其根源，并避免被一些琐事困扰。凡事都要积极看待，看开、看透，以超然的态度面对。

塞翁失马故事中的塞翁以积极的态度，把失马看成一件小事。快乐也好，不快乐也罢，都需要一天一天地过，保持积极乐观的心态尤为重要。当事情发生时，不冲动、不浮躁、不烦恼，以坦然的方式面对，找到解决问题的方法。只要合情合理即可，不该考虑的就放在一边，过于发挥想象力，把事情想象得越复杂，随之而来的烦恼就会越多。

当下拥有的，才最值得你珍惜

在生活中，许多人执迷于未能获得的东西，他们深信“得不到的东西才最好”。于是乎，这些人的目光总是向前看，很少有时间停下来去仔细观察身边的人，也没有时间深入思考，享受生活的各种美好。只有当现实中的某个人或某样东西消失了，才突然意识到，原来那些已经消失的人和事物才最珍贵。

有些事物一旦失去就永远无法得到，无论曾经多么美好，也只能成为回忆；想要却还未得到的，这些事物也并不一定是最好的。能够牢牢把握的是现在所拥有的人和事物，这些才是真实存在的。也就是说，现在拥有的才是最重要的、最有价值的、最值得珍惜的。

一个小女孩走过一片草地时，发现一只蝴蝶被花朵旁的尖刺刺伤了。她小心翼翼把蝴蝶翅膀上的刺拔下来，然后把蝴蝶放飞。不久后，那只蝴蝶为了感谢她，变成一位美丽的仙女，在小女孩的耳边轻声说道：“你非常善良，我愿意帮你实现一个愿望。”小女孩想了想，说道：“希望自己永远不再烦恼，心中充满快乐。”仙女听到小女孩的愿望后，悄悄对小女孩说了一句话后，眨眼间就消失不见了。

这个小女孩后来一直很快乐，很少被烦恼困扰。当她年老时，有人向她求教道：“请您告诉我，仙女究竟对您说了什么，让您的一生都充满快乐？”她微笑着，向求助者分享了自己快乐的秘诀，她说：“那个仙女曾告诉我，珍视现在所拥有的一切，把握生命中的每一刻。”听了她的话，那个人起初感到困惑，沉思了一会儿，才恍然大悟。原来无止境的欲望只会让人疲于奔命，陷入烦恼的深渊，只有珍视现在拥有的亲情、爱情和友情，珍视周围的一切，用心去呵护和接纳，才会变得快乐。

显然，只有懂得珍惜现在拥有的一切的人才能体验到快乐的存在，远离烦恼的困扰。一个人，无论对失去的有多么的怀念和留恋，或者对渴望得到的有多么的期待，都不应该忽视现在已经拥有的，这些是你生活中真实存在的一部分，是你获得快乐和幸福的重要基础。

可能有些人会说，执着于那些失去的或者无法得到的事物，是人的天性。例如，许多人总是认为得不到的东西才是最好的，他们常常身处现在，想念未来，身在此岸，向往彼岸。正是这种执着，使这些人忽略了身边的存在，如他们的父母、配偶和真挚的友谊等，这些都能带来快乐，他们却视而不见，却一味地向着烦恼前行。有一天，当他们回首过去就会发现，那时自己所拥有的是多么的丰富，为什么却不知道珍惜呢？

日常生活中，只有在遭受疾病的折磨时才会痛惜失去的健康；在父母去世时才会后悔当初没有尽孝；在失去工作时才会痛恨自己当初不够努力；在失去爱情时才会责怪自己曾经的不珍惜；在失去朋友时才会怪自己当初为何斤斤计较。无法得到的或许是最好的，但是拥有的也未必比别人的差，一味地关注远方难以触及的幻影，只会错过眼前的美好景色。

人最应该珍视现在已拥有的，而不是无法获得的和已经失去的。无论失去的还是无法得到的，过度关注都是引发烦恼的根源。放下执念，让失去的成为过去，让无法得到的顺其自然。如此一来，你才不会有困扰，才能在现实中感受到当下的种种快乐和美好。

别让名利束缚自己

“名利”是充满诱惑的字眼，许多人为了名利奔波一生，有时还为此出卖良心。即便富可敌国，又能如何？终究不过是每日三餐和一张床而已，万贯家财最终会烟消云散。

卡文迪许40岁那年，分别继承了两笔巨额遗产。面对这些财富，他却反复说道：“我该怎么处理呢？”这个一直沉迷在实验室里的人，显得手足无措。他的遗产一笔来自父亲查尔斯爵士，另一笔来自他的姑母。查尔斯爵士在世时是英国皇家学会的重要成员，一直热衷于科学研究，而卡文迪许对科学的痴迷程度甚至超过他的父亲。

这对富有的父子在生活上一直非常节俭，他们的大部分金钱都被用来购买昂贵的实验设备和书籍。父亲去世后，卡文迪许变得更加狂热。他拆除家中所有华丽的装饰，将大厅改造成实验室，将楼上的卧室改造成天文台，在别墅前的草地上建起一个大架子，以便能随时从大架子上爬到更高的树上观察星象。

在实验室里，卡文迪许发现了氢和氧结合后会形成水，还发现了电阻定律，并进一步验证了牛顿的万有引力定律，确定了引力常数和地球的平均密度。卡文迪许对科学乐此不疲，远远超过生活中的任何一件事情。他曾就读于剑桥大学，但没拿到学位：一是口吃和害怕面对教授，让他的分数大打折扣；二是害羞程度几乎达到病态，与周围的任何人接触都会感到不自在。父亲去世后，家里完全由自己做主，为了避免与他人接触，其中还包括仆人，他建造了专门供自己使用的楼梯和入口。

有一次，卡文迪许的崇拜者从国外赶来，站在门口等待他。当卡文迪许出现时，各种赞美的话语让他不知所措。最后他无法承受，迅速离开了。一旦回到实验室，他就像变了一个人，各种大胆创新的想法不断从脑中涌出。为了测量电流的强度，他用手抓住电极的一端，把自己当作电流测量仪，根据身体感受到的电流来估计其强度。

据传，卡文迪许从父亲和姑母那里继承大量遗产后，一度成为伦敦银行的最大存款户。但他并不愿意花费精力去管理这些财富，在接下来的几十年里，无论股市涨跌，他都坚持让顾问投资于一只股票。当顾问建议他投资另一只股票时，卡文迪许大为恼火，认为用这种无关紧要的事情来打扰他，是非常烦人的。

卡文迪许热爱阅读，将自己的大部分财富用于购买和收藏书籍。在他的朋友们看来，他是所有富人中最有学识的。卡文迪许将书籍按类别编码，无论是他人借阅还是他自己阅读，都需要进行登记。当他得知一个仆人急需用钱治病时，立即给了仆人一万英镑。这种行为，不能用豪爽进行解释，他根本对金钱不感任何兴趣，根本不知道当时的一万英镑，是一笔多么大的财富。

1810 年，卡文迪许离开了这个世界，时年 79 岁。他留下了近 20 捆关于数学和电学的手稿，这些手稿写得非常整洁，摆放在书柜里，没有人去触动它。在这些手稿中，卡文迪许几乎预测到电学领域的所有重大发现。当人们重新发现卡文迪许那些具有巨大潜力、超越那个时代的成就时，它们已经被发现时的时代所超越。卡文迪许本可以凭借这些成就成为名扬全球的科学家，但他并没有这样做，只是让它们静静地躺在书柜里。

卡文迪许对于名利的态度塑造了他自由洒脱的一生。他不看重金钱，也不追求名利，始终活在自己的兴趣之中。他明白名利瞬息万变，只有自己感兴趣的事物才值得珍惜，所以他活出了人生的价值。

在现实生活中，每个人都在追求所谓的轻松和快乐，但真正能够活得轻松快乐的人却寥寥无几。许多人内心充满烦恼，原因在于对名利的过度追求，使他们身心疲惫、伤痕累累，即使这样也不敢有所放松，他们害怕失去，心中难以平静，更别提快乐了，想要活得洒脱更是难上加难。

实际上，在许多情况下，名利就像一个被华丽光环装饰的罗网和枷锁，只要置身其中或一旦戴上它，就会失去快乐和自由，各种烦恼层出不穷，当一个烦恼刚刚淡化，另一个烦恼又悄然降临。因此，那些只专注于追求名利的人往往很难体验到真正的快乐与幸福。名利除了带来表面的成就感外，还带来无尽的烦恼和痛苦。

细细思量，追求名利是对内心的束缚，当放下这种追求时，才会获得内心安宁，生活才会平静。

人活一世，应该淡化对名利的追求，烦恼才不会缠身，才能活得自在。只有懂得放慢脚步，才能欣赏到小桥流水的美景，才能感受到微风拂面的舒适。如果总是在追逐名利的过程中耗尽心力，生命也就失去了存在的意义，得不偿失。与其让名利把自己囚禁在烦恼里，不如松绑，让自己在快乐和幸福中感受生命的真谛。

把烦恼写在纸上，然后扔掉

人是感性动物，无论是谁，都不可能一直保持理性状态，总会有烦恼之时。有些烦恼，可以在生活中将它化解掉；可有些烦恼，很难轻易解决掉。当遇到这样的烦恼时，大多数人唉声叹气、郁郁不乐，这非但不能排除烦恼，反而会增添烦恼。这时，需要我们把烦恼发泄出去。

烦恼无形无状，看不见、摸不着，无法像实物那样，将其抛入大海里，让它远离我们的生活。因此，发泄是一种有效途径，可以达到把烦恼扔掉的效果，让心情恢复到平和自然的状态。

在一个阳光明媚的日子，一位看起来颇为富裕的中年女士走进郊外一座安静的寺院。她抱怨说，最近总是难以入眠，即使是最诱人的美食也无法唤起食欲，而且全身无力，提不起劲来做任何事，她想放下世俗牵绊，遁入佛门。寺院的方丈听了这位女士的倾诉，轻声回答道："不急，让我先为您把脉如何？"

中年妇人知道方丈是个懂医术的人，便点头应允。方丈为她把脉完毕，观察舌苔，微笑着说："您体内有虚火，并无大碍。"然后他顿了一下，接着说："只是您心中藏着太多烦恼。"这句话让中年妇女大为惊讶，便把心中隐藏的事情逐一讲给方丈听。

方丈问："您和您的丈夫关系怎样？"妇人微笑着回答："我们的关系非常好，多年来一直和睦相处，从未红过脸、吵过架。"方丈接着询问："您有孩子吗？"妇人的眼睛亮了起来，说："有一个女儿，非常聪颖和懂事。"方丈又问："您的家庭生活不顺心吗？"妇人急忙否认说："不，我们的生活很幸福，可以说是小镇上的优裕之家。"

方丈展开纸笔，一边询问一边记录，一张纸记载着她的烦恼，另一张记载着她的快乐。他将两张写满文字的纸张摆在妇人面前，并告诉她："这张纸就是治病的药方。"随后，他指示弟子将记录烦恼的纸张投入火盆中。很快，那张纸化为灰烬。方丈淡然说道："烦恼随火消散，瞬间无影无踪。人生的忧愁不也是这样吗？施主，您之所以感到痛苦，并非因为烦恼太多，而是因为您未能将其彻底放下，同时也未能深切地品味生活中的快乐。"

将心中的烦恼记录在纸上，这仅仅是一种发泄的方式，目的是保持内心的明朗，为心灵带来一缕阳光，减轻心理的负担，以开放的心态迎接充满幸福和快乐的每一天。当然，这只是众多发泄方法中的一种。

有一位中年人，在家庭和事业方面取得一定的成就，年轻时的梦想也逐渐实现。然而，他并没有感到满足和开心，反而觉得生活空虚，非常烦恼。这种情况日益严重，甚至把他压得喘不过气来，只能去看心理医生。

医生倾听完他的陈述后，说："我会给你开几个处方，你试试看。"于是，他开了四张药贴，将它们分别放入药袋中，递给了这位中年人，说："明天早上九点之前，你独自前往海边。不要携带报纸、杂志、手机，也不要听广播或音乐，避免与任何人交流。到达海边后，按照药袋上标明的顺序，在九点、十二点、下午三点和五点各用一帖药，相信你的烦恼将会消散，病情也会得到缓解。"

中年人半信半疑，心想既然是病急乱投医，不妨试试，或许能有所好转。第二天，他按照医生的嘱咐来到海边。走近海岸，眼前是广阔的大海，耳边传来汹涌的浪声，心情竟然好许多。九点整，他遵循医生的指示，打开第一个药袋，然而里面并没有药物，只写着两个字："谛听。"

他静坐下来，耳畔是风和海浪的和鸣，声音深入心扉，他感到自己的心跳与自然的韵律融为一体。他心中涌起了久违的惊奇，意识到自己多年来从未静下心来，聆听内心的声音和自然的语言。他明白了，原来是长期忽略内心的声音，才让烦恼和疲惫积累至此。

当中午十二点时，他打开第二个药袋，里面依然没有药物，只有一张写着"回忆"两个字的纸条。他开始沉思，回想起童年和少年时代，那些无忧无虑、充满欢笑的日子，当时的每一天都充满了新鲜感，没有任何烦恼。接下来，他回想起自己青年时期一点一滴发展事业的过程，那是一条用汗水和泪水铺就的道路。尽管充满挑战，但他总能感受到父母的关怀、兄弟朋友的支持和家庭的温馨。沉浸在这些回忆中，他不禁流下了眼泪，他感到一股生命的活力和热情在心中悄然点燃。

到了下午三点，他打开第三个药袋，里面同样没有药物，只有一张纸条，上面写着“反思动机”。他开始深思，回想起自己创业初期满怀激情地追求梦想的日子，但随着事业逐渐成功，他开始变得自满和骄傲。他意识到，曾经的梦想已经变得不再清晰，视野中只剩下金钱，失去了经营事业和追求梦想的快乐。想到这些，他有了深刻的认识，明白了金钱已经遮蔽了人生中的所有乐趣。

下午五点，他打开最后一个药袋，里面仍然是一张写着字的纸条：“把‘烦恼’两字写在沙滩上。”他走到离海最近的沙滩上，用手指写下“烦恼”两个字。随着一波海浪涌上沙滩，他写下的“烦恼”被海浪淹没，然后很快退去，沙滩重新变得平坦，就像先前一样，丝毫没什么改变。至此，他恍然大悟，明白了烦恼只是自己造成的，只要心态发生改变，它们就不会在生活中出现。

一个人想要拥有平和的心态和愉悦的情绪，就需要学会驱散内心的阴霾。确实，每个人都会在生活中经历挑战和情感的波动，完全遗忘这些经历是不现实的。然而，长期背负这些沉重的负担，就只能过着焦躁、愤懑、不安的生活。与其如此，不如将烦恼的事情一一列出清单，然后将它们全部化为灰烬，既可温暖心房，又能将前行的道路照亮。

面对烦恼，心态平和最重要

面对难题，找出问题的根本原因是解决问题的关键步骤。当我们思考烦恼的问题时，不妨问一问到底是什么让自己如此烦恼？有没有发现烦恼的原因？有没有可能避免烦恼？当人们冷静思考过后，会发现烦恼大多源于生活中的琐事，很少有人能完全从容应对。

发现烦恼的根源，却解决不了，不妨换个思路，让自己多快乐一些。生活中不难发现，有些人很少出现唉声叹气的情况，是因为，他们知道如何调整自己，让自己快乐起来。

快乐是一种积极的心理反应，主要表现行为则是欢笑。如果能让欢笑在生活中随时随地发挥作用，烦恼就会极大地减少。哪怕是一点点欢笑，也会缓和烦躁、抑郁的情绪。

社区里新开一家心理诊所，周围几个小区的居民一开始不了解这个诊所存在的意义。大家的精神状况都很正常，谁需要去看心理医生？慢慢地，进诊所的人多了起来，大部分人觉得自己处于失眠紧张状态，想找专业的医生开点药。还有人心里总是满是烦恼，想跟医生聊聊，听听他的建议。医生对人们说："世界上有一种病叫'烦恼症'，烦恼主要是心态方面的原因，没有药能解决，只能通过调整自己的心理状态进行解决。"

面对社区内很多居民的烦恼情况，医生提出一种"快乐疗法"。这个疗法分两步：首先要弄明白自己为什么烦恼，是工作压力还是家庭压力；其次多多接触快乐的事，如看搞笑的节目、经常参加集体活动、拓展自己的业余爱好，这些事都能起到很好的调节作用，让人心情舒畅。经过医生的努力，越来越多的居民开始正视自己的烦恼，主动寻找乐趣，社区里的笑声变得越来越多。

现代社会节奏快、竞争激烈，人们越来越焦虑，许多人在为生活奔波的同时忘了如何生活。生活需要欢笑，生活在快乐氛围中的人才会拥有阳光积极的心态。假如一个人早上睁开眼就是生活琐事，晚上躺在床上闭着眼睛还在想着工作方面的事情，他的生活本就已经忙碌到极致，如果没有欢声笑语进行舒缓，那么要用什么来安慰疲惫的身心呢？

1.给烦恼列一个清单，并详细分类

把自己的烦恼写在纸上，想到什么就写什么，然后按照烦恼程度分为"重""轻"两类。先看轻的部分，你会发现自己每天都在为公交车会不会迟到、商场会不会降价之类的事耗费时间和精力。对于这一类的烦恼，应该尽量让自己随遇而安，不要让自己像个小气鬼。再看重的部分，多数是与工作、爱情、未来生活有关。只挑出最紧迫的部分专心解决，对剩下的部分，每天努力提升自己，这样一来，自然而然地就会解决。通过给烦恼排清单，你会发现大部分烦恼其实根本不值一提。

2.清除负面能量

过多的烦恼堆积在心中，导致心理压力过大，如沮丧、悲观、自责、迷惘等情绪不断增加、相互影响，遇到烦恼时变得更加严重，久而久之，这些情绪就变成心灵上的消极能量。它们具有强大的破坏力，具体表现之一就是让你常常觉得做什么事都没兴趣、没价值；具体表现之二是你看上去很疲惫，即便笑起来也觉得很假。

心里的消极能量积累过多，甚至还会导致心理疾病，所以要时时进行清除，防止恶化。多接触那些乐观向上的人、令你快乐大笑的事，多与人沟通，这样，烦恼会逐步远离你。

3.理性生活，告诉自己平心静气

在现代生活中需要我们理性地去面对烦恼。当烦恼出现时，如果知道那是必然，便应该从容应对；或是想办法应对，而不是埋怨；立刻调整，而不是任其

发展。

此外，对待生活中的不如意所产生的负面情绪，无论是烦恼、沮丧、后悔、愤怒、自责，也会被成功时的开心、兴奋、自信、积极所替代。人生的意义不是被烦恼所折磨，而是超脱烦恼，追求真正的自我，建立真正的成就。

第五章

驾驭欲望：不失控的人生谁都羡慕不已

人生就是由很多欲望组成的，人们通过不断满足自己的欲望，走完人生的旅程。正是因为有了欲望，人们才有了追求，有了成功的动力。但是，欲望不能过度，否则人们就会迷失在欲望之中，忘记自己最初的目的。

野心和欲望，有时也是一种积极的力量

如果有人对你说："你是一个有'雄心'的人。"你听了之后肯定会感到欣慰。因为这表明你在对方眼中是一个有理想、有志向的人。但如果有人对你说："你是一个有'野心'的人。"你听了之后肯定会不悦和抵触。

为什么会有如此不同的反应呢？在中国人的观念中，"野心"是一个带有贬义的词汇。如果被人说成是一个有野心的人，意味着自己给对方的印象不好，例如自私、不满足、占有欲强、喜欢霸占他人的东西等。

然而，越来越多的心理学研究者发现，"野心"也是一个人成功的关键要素。

美国人约翰·富勒的家庭中有7个兄弟姐妹。他从5岁开始参与劳动，9岁时就知道如何驾驭骡子。他有一位不甘于贫穷的母亲。这位母亲经常对孩子们说："我们不应该这么贫穷，不要说贫穷是天意，我们虽然贫穷，但不能抱怨，那是因为你们父亲从来就没有过改变贫穷的欲望和野心。在一个家庭中，如果每一个人都没有大志，这个家庭注定不会走向富裕。"这些话深深触动了富勒的心，他立志要成为百万富翁。岁月如梭，转眼12年过去了。在这12年中，富勒不断地努力奋斗，最终建成一家大型企业。后来，还陆续收购7家企业。

在多次演讲中，富勒谈到自己成功的原因时都会说道："我得益于母亲的鼓励。她经常告诉我们：'我们虽然贫穷，但不能抱怨，那是因为你们父亲从来就没有过改变贫穷的欲望和野心。'"同时，他还会反复强调自己从小就立下的目标："虽然我不能成为富人的子孙，但我可以成为富人的祖先。"

中央电视台曾经播放过一个公益广告："心有多大，舞台就有多大！"美国NBA篮球比赛中的超级球星也有一个共同的特点：他们对胜利对夺冠的欲望极其强烈，远超一般人。对成功的欲望越大，奋斗的动力越强，付出的努力越多，成功的机会也就越大。

巴菲特能在世界富豪榜上名噪一时，一个关键因素在于，他从小就有着强烈

的致富“野心”。他曾说过：“我始终坚信自己会成为富翁，对于这一点，我从未动摇过。”巴菲特成为百万富翁的欲望绝非一般的强烈，甚至可以夸张地说，强烈到能够战胜死亡。

巴菲特在7岁那年，发了一场高烧，住了一段时间医院。医生最后不得不切除了他的阑尾。手术后，巴菲特的身体非常虚弱，即使父亲端来他最喜欢的面汤，他也无法进食。医生担心他的生命可能不会持续太久。然而，巴菲特一个人的时候，就会拿起铅笔在纸上写下许多数字。护士问他：“这些数字是什么意思呢?”巴菲特会郑重其事地回答道：“这些数字代表着我未来的财富。尽管现在我一无所有，但有一天我一定会成为大富翁！我也会成为报纸关注的焦点人物。”医生都认为巴菲特的生命不会长久，但他却从对财富的“野心”中找到了活下去的希望。

许多小朋友会有各种各样的梦想，通常只是随口说说。相比之下，年幼的巴菲特想要成为百万富翁的愿望却是严肃而坚定的。1942年夏天，12岁的巴菲特住在祖父家里，经常会去父亲的合作伙伴福尔克先生家中吃午餐。在福尔克太太准备午餐时，巴菲特就会从书房中拿出一本投资相关的书来阅读。有一次，当巴菲特正享受着福尔克太太做的鸡汤面时，突然一脸严肃地说：“我要在30岁之前成为百万富翁，如果实现不了，我就从奥马哈最高的楼上跳下来。”福尔克太太听后吓了一跳，急忙说：“你这个小孩子，别再这么说了。”巴菲特看着福尔克太太，咯咯地笑了起来。

强大的野心和强烈的欲望能够激发人的潜力，可以让一个人全力以赴地去实现自我超越。当你有足够强烈的欲望去改变命运时，前进路上遇到的所有困难、障碍以及挫折都不会成为你的敌手。在这个时候，你的欲望有多大，克服困难、战胜阻碍的勇气和力量就有多大。从这个意义上说，欲望本身就是一种力量。

苏格拉底是古希腊三大哲人之一（其他两位是苏格拉底的学生柏拉图、柏拉图的学生亚里士多德）。有一天，一个年轻人找到苏格拉底，询问他成功的秘诀。

苏格拉底没有说话，只是带着年轻人来到一条河边。苏格拉底让年轻人跟着他一起走进河里。当河水淹没到他们的脖子时，苏格拉底突然抓住年轻人并将他按入水中，年轻人想要挣扎上来，苏格拉底却用力将他按在水中，直到他无力反抗，脸色发青。这时，苏格拉底及时将他的头拉出水面。年轻人做的第一件事就是大口呼吸。

苏格拉底对年轻人说："当你在水中窒息时，你最想要的是什么？"年轻人回答说："空气！空气！您为什么要这样问我呢？刚才为什么要把我按入水中？差点让我丧命！"苏格拉底笑着说："当你像渴望空气一样渴望成功时，你就能够实现它！没有其他的秘诀。"

现在，可以深思一下："我是否有改变自己的强烈欲望和野心？""我每天都在以什么样的方式思考，又产生了哪种类型的能量？"

无论何时，都不要放弃野心和欲望！在积极状态下，野心和欲望能够让我们的力量发挥到极致，能够驱使我们全力以赴地去克服遇到的所有难题，能够让我们果断地前行而无所顾忌。因此，应该保持正当的野心和欲望，并坚信自己"我可以做到"。

有效控制欲望，别让它无休止地疯长

欲望存在于每个人的内心，有些人知道如何控制，而有些人却任其疯狂，屈服于欲望之下。观察我们的周围就会发现，很多人的欲望毫无止境，拥有了房子还想住豪宅，有了存款还想成为亿万富翁……在不断追求欲望的同时，这些人却失去心灵的自由，成了金钱和物欲的奴隶，被越来越多的困扰所包围。

一位青年走进山中的庙宇，寻求禅师指点。青年提出疑问："大师，您能否告诉我，人心中的欲望究竟是何物？"禅师淡淡一笑，回答道："此刻非说之时，你且回去，待到明日正午时分再来此地，届时我定会为你解惑。但须记得，来时莫要进食，亦不可饮水。"青年对禅师的吩咐感到不解，却仍然遵从。

次日正午，青年如约而至。见到禅师，禅师问道："未曾吃午餐，是否饥肠辘辘，渴望即刻享用美食？"青年答曰："确实如此，我现在饥饿难耐，若有食物在前，定能一口气吃下一整只羊，饮尽一潭泉水。"青年轻抚自己干瘪的腹部，舌尖掠过干燥的唇边，如是回答。禅师展颜一笑："你的确是饥不择食了，跟我来。"禅师引领青年至庙宇背后的果园，递给他一个宽大的布袋，并告诉青年："此园中的果实，现在属于你。你可以自由地采摘，无论多少都由你决定，但有一规矩，须将采得的果实背回庙中，方可食用。"禅师说完，便独自走开。

青年在果园中尽情采摘，很快便将布袋装得鼓鼓囊囊。于是，他扛着沉甸甸的袋子，吃力地走回庙宇。青年将满装水果的袋子摆在禅师面前，禅师说道："你可以随意享受这些果实。"青年急不可耐，打开口袋，抓起两个最饱满的桃子，狼吞虎咽地大口吃起来，转眼间，两个桃子就被他吃下。接着他又拿起桃子……青年吃饱之后，禅师问道："你现在还饥渴吗？"青年答："不，我已经吃得很饱。"禅师指着几乎满袋子的果实，又问："这些你费力背回来的却未吃掉的果实，有何意义？"青年乍听禅师问话，不知所云，片刻之后，禅机顿开，高兴得欢呼起来。

欲望有度，需要克制。就像故事中的青年一样，未能掌控自己的欲望，最终那袋子水果成了负担。虽然他费尽力气将其背回庙宇，但他真正需要的，不过是寥寥数果。由此可见，过多的欲望会拖慢我们前行的步伐，最终与快乐间的距离越拉越大。“人心不足蛇吞象”，正是形容这样的人。明智之人都知道，在任何时刻都应适可而止，贪欲无穷，只会为自己增添烦恼。

如果有一个能获得无限好处的机会出现在你面前，你会如何应对？相信大多数人在潜意识中都会尽可能多地获取。这种想法并没有错，只是当你在努力驱使自己去获取某些东西的时候，别忘了停下来思考一下，在这个过程中，是否会失去一些更有价值的东西？实际上，适当的欲望对于人生是有益的，但如果欲望失去控制，就会破坏内心的宁静，带来无尽的困扰。

张果老，八仙之一，在成为仙人后，每日都会深入民间进行探访和教化。有一天，他来到一个村庄的入口，看到一对年长夫妇正在那里卖水果。张果老走上前去，借买水果的机会与这对夫妇交谈。在交谈过程中，张果老发现他们的生活贫困，渴望通过卖酒来改善生活。

张果老告诉这对夫妇，他们村子旁边的山顶上有一块形状酷似猴子的石头。石头旁有三个泉眼，现在都被泥土堵塞了。张果老让他们明天去山上，清理掉泥土，泉眼就会自动流出带有酒香的水。他还给夫妇二人一个葫芦，告诉他俩每天只需将这个葫芦装满即可，不要贪多。

到了第二天，天空刚破晓，这对夫妇就开始上山。他们找到张果老所说的那块石头，清理了泉眼，看到水慢慢流出来，尝了一口，果然是酒的香味。两人非常高兴，装满葫芦就回去卖，正好可以卖一整天。从那以后，这对夫妇就每天上山装酒。有了酒水可以卖，他们的生活条件逐渐变好。

在不知不觉中，一年的时间过去了，张果老再次来到这个地方，询问那对老夫妇现在的生活过得如何。他们回答说：“自从听了你的建议找到酒源，生活还算过得去。只是没有酒糟，无法养猪；要是有酒糟，再养些猪，生活就会过得更好。”

听到这些，张果老摇摇头，再长叹一声，吟咏道：“天高不算高，人心比天高。清水当酒卖，还嫌没有糟。”说完，飘然而去。从那以后，山上的泉眼干涸了，再也没有酒水流出。

如果欲望像无底洞，生活的重心则完全集中于如何获得更多。当沉浸在一个只关注获取的世界中时，快乐和幸福都会变得毫无意义。每个人来到这个世界，都有机会去体验美好的生活，只是有些人过于固执和贪婪，忘记了生活原本可以因满足而幸福。

欲望就像一棵茂盛的大树，枝叶繁多，不细心修整，就会越长越混乱，失去应有的优雅。每个人都有欲望，生生不息，无穷无尽，但不能任由欲望自由生长，要定期修剪，欲望之树才会有规律地生长，并形成期望的形状。

驾驭欲望才是你成功的保障

一位记者在1996年2月21日采访一位121岁的法国老人，老人向记者分享了一个自己亲身经历的奇妙的故事。

1965年，老人90岁时，法国一位叫卡尔的有点名气的法律公证员来到她家，非要每月给她一笔养老金不可。他告诉老人：为了让她生活富足，享受亲情的温暖，自己将出钱，每月给老太太250法郎养老金。天上掉馅饼，老人听后，还挺高兴，转念一想：世上哪有这等好事，此人定有所图。在老人追问下，卡尔说出想法。原来养老金不是无偿给的，老太太死后，其祖辈留下的那幢房子要归卡尔所有。老人轻轻一笑，同意了，并到公证处做了公证。

当时卡尔年富力强，年仅46岁。他信心满满，暗想老人最多再活两三年就要离开人世，哪料老人一直健康如常，而且越活越精神。卡尔却郁闷不已，身体每况愈下，于1995年77岁时因心肌梗死去了天堂。从卡尔执行这个计划到其死去的31年间，先后给老人9万法郎养老金，是其房产价值的数倍。

最后老人向记者讲述了对健康长寿的看法和感受。她说："人要知足常乐，千万不要让贪欲主宰自己。健康是福，是最大的财富，花几百亿也换不来寿命。"

"天下熙熙，皆为利来；天下攘攘，皆为利往。"人之为利，本是一件很正常的事情，但是过度地追求利就不正常了。

对于物质的欲求，只要超出合理的范围就是贪心，不但给自己带来心理压力，也让自己陷入痛苦之中。贪心的人不管拥有多少，都不嫌多，他们的欲望永无止境，一辈子都在追求。贪心的人被无尽的欲望所吸引，他们是欲望的仆人，在贪心的推动下奔波劳累、斤斤计较，即使拥有再多也无法让他们开心起来。

一个在街头乞讨的流浪者每天都在想，如果我能有两万块钱就好了。一天，这个流浪者意外地看到一只走失的很可爱的小狗，流浪者看到周围没有人，就把狗带回他住的土窑里，拴了起来。

这只狗的主人是个大老板，非常有钱，失去狗后极其心痛，因为这是一只纯种的进口犬。于是，大老板就在当地电视台播了一则寻狗广告：如有捡到者请尽快归还，给予酬金两万块。乞丐看到这则广告，就急忙抱着小狗去领那酬金。当他经过一根电线杆时，看到上面张贴的寻狗启事，酬金已经涨到3万。乞丐立刻停下脚步，想了想就放弃领取的念头，将狗抱回土窑，再次拴了起来。第三天，老板把酬金又提高了，第四天继续提高……第七天酬金高到令市民们都很吃惊。乞丐笑了，回到土窑，打算带着小狗去领取高昂的酬金。可没想到的是，那只小狗已经被饿死，结果乞丐仍然是乞丐。

欲望是人的天性，沉迷于欲望而无法自控叫贪婪。贪婪让人迷失，在不知不觉中失去理智，等到付出惨痛代价后已为时太晚。

《黄帝内经》中说："志闲而少欲，心安而不惧。"少一点欲望就多一点快乐。其实，每个人所拥有的财物，不管是房子、车子……不管是有形的，还是无形的，没有一样真正属于我们自己，它们不过是身外之物。

有一个知名旅游区，吸引无数游客的不是风景，而是游戏。游客在欣赏山顶美景后，可以乘坐缆车前往下一个景点。在买票前，游客有两种选择：一是直接乘缆车出发，票价10元；二是先走另一个路线，然后再乘缆车。这个路线会有一些挑战性项目，游客需要参加一种加倍奖励的游戏，共有七关，每关的奖励都不同，全靠自己把握，票价15元。既然来到山顶，谁还在乎这5元钱？大多数游客选择后者。

游客进入一个密闭的通道内，且每次只能容一人通过，即前面的人过去后，后面的人才能前进。进入第一关时，游客会看到电子屏幕上的提示：现在，您已经获得5元钱的奖励，如感到满意，您可以结束游戏，从旁边出去领取奖金；如果想继续，可以向前挑战。游客们基本不会为5元钱而结束游戏，纷纷选择继续。第二关屏幕上提示：现在，您已经获得10元钱的奖励，如感到满意，您可以结束游戏，从旁边出去领取奖金。游客们心想，后面更有意思，再继续。第三关，奖金变成 20 元。游客们心想，下一个肯定是 40 元，继续下去会更好……到第六关，屏幕上写着：现在，您已经获得 320 元钱的奖励，如感到满意，您可以结束游戏，从旁边出去领取奖金。大多数的游客心想，“我只比直接乘坐缆车的人多花 5 元钱，输也无所谓，马上就要通关，坚持就是胜利，下一关应该是 640 元”。

可是，当游客进入最终一关时，只见那里负责检票的工作人员，手中拿的是一个印有“期待您再次光临”的牌子。这时想要回头是不行的，所以游客只能带着遗憾离开。最后从通道出来的是一位老人，只有他得到奖金，因为他在第三关时领取了 20 元的奖金，也就是说，他将免费乘缆车，旅游区还要给他 5 元。其他游客笑着问老人怎么没有再向前选择再高一些的奖金呢，即使是在第四关、第五关或者第六关，钱都会增加一些。老人摇摇头说：“当我到第三关时，我就意识到，这第三关的奖金已经让我赚了 5 元，这就足够了。贪心是人世间最恐怖的东西，只有放弃这个恐怖的贪心，才能获得最终的胜利。”

毫无疑问，故事中的老人是个智者，他能够控制自己的欲望。人有七情六欲，谁能没有欲望？重要的是如何把握，做人的艺术其实就是如何驯服欲望这匹野马。我们每个人都要控制欲望，而不能被欲望控制，要一直把欲望控制在一个合适的范围内。一位哲人曾经说过：生命是一团欲望，欲望不满足就痛苦，满足就无聊。人可以适当地满足欲望，但不能过分，这样才会生活得快乐。

古希腊大哲人伊壁鸠鲁曾经说过：“如果你想让一个人快乐，不要增加他的财富，而要减少他的欲望。”这话很有道理，一个人要获得幸福和快乐，就要懂得舍弃过高和过多的要求。舍弃越多，欲望就越少；欲望越少，就越满足，也就越幸福。只有那些懂得满足的人，才会活得幸福、活得快乐、活得安逸。

人若一贪婪，就注定败给自己

人的精力毕竟有限，只有学会放下，做最适合自己的事，才能达到得心应手的状态。生活中我们经常会遇到许多选择，有了选择，自然就会有舍弃。鱼和熊掌不能同时得到，那么哪个会被你舍弃呢？在人生旅程中，经常会遇到岔路口，该如何选择呢？

我们始终要记住一点：世界上的每一个角落都充满诱惑，它们就像空气一样无处不在，只有始终警告自己不要贪心，才能找到自己的位置，才不会迷失自我。

一只正在偷吃的老鼠被猫捉住。老鼠恳求道："请饶了我，我会给你一条肥美的鱼。"猫回答："不可以。"老鼠继续说："我会给你五条肥美的鱼。"猫仍然不同意。老鼠仍然不放弃，说："放我一条生路，以后每天都会给你一条肥美的鱼。每逢节日，还会来看望你。"

猫眯起眼睛，没有说话。

老鼠以为有希望了，又抓住机会说："你平时很少吃到鱼，只要放我一马，以后就可以每天吃鱼。这件事只有天知地知、你知我知，其他人都不会知道，何乐而不为呢？"

猫仍然沉默不语，心中却在犹豫：老鼠的提议确实很诱人。放了它，它肯定还会偷主人的东西，变得越来越大胆。如果我再次抓到它，该怎么办？是放还是不放？如果放了，它就会继续做坏事，主人会因此而责怪我，把我赶出家门。那时，别说吃到鱼，甚至连一日三餐都无法保证；如果不放，老鼠和它的同伙就会向主人揭露这次交易，主人同样会把我赶出家门；如果我选择视而不见，主人会认为我失职，也会把我赶出去。虽然每天有一条鱼很好，但如果因此而失去一日三餐，这样的交易就不值得了。

想到这些，猫突然睁开眼睛，伸出锐利的爪子，猛地扑上去，吃掉了老鼠。

猫是聪明的，决定也是正确的。面对老鼠的承诺，它最后选择了一日三餐。一日三餐就是它的底线。猫当然期望每天有一条鱼，但如果连基本的一日三餐都无法保证，那么每日一鱼就成了虚无缥缈的幻想。

很多时候，我们面对的选择确实非常具有诱惑力，又不能同时兼得。得到的同时必然会失去，失去的同时也会有所得，得与失是矛盾的两面。例如，要获得成功就必须放弃享乐；选择家庭的同时就得放弃单身生活的许多自由；选择内心的平静的同时就得放弃对权力和财富的追求。

选择是一门看似简单实则需要技巧的艺术。人的一生，就是一个不断做出选择的过程。选择的正确与否，是一个人价值观、思维水平、道德意识和判断能力的综合体现。

一些看起来无关紧要的选择实际上是我们一生中重大决策的基础。古人言："不积跬步，无以至千里；不积小流，无以成江海。"无论多么宏大的理想，伟大的事业，都必须从细微处开始，从平凡处出发，因此对于看似微不足道的选择，也要认真对待，思考选择的结果是否有利于自己设立的远大目标。

当面临选择时，必须清楚地知道自己需要什么、哪些对自己最重要、哪些最适合自己。

一位深信佛教的人在悬崖边不慎滑倒，从高处坠入深谷，幸运的是他抓住了一根树枝。在命悬一线的情况下，他祈求佛陀拯救他。他的诚心感动佛陀，佛陀出现了，让他放开手中的树枝，但此人却不愿意放开，继续将树枝紧紧抓在手中。佛陀摇了摇头，说："你不愿意放手，任何人都无法救你。"

山神引导两个贫穷的人来到一个无比巨大的宝库前。在进入宝库前，山神提醒他们，宝库开启的时间非常短，拿到想要的财宝后就立刻出来。其中一个人进去后，拿了两块金砖就出来了。另一个人看到里面堆满各种各样的金银财宝，什么都想要，不知道该拿什么好，正犹豫不决时宝库的大门关闭了。

这两个小故事说明，做选择时，如果不适合自己，就应该果断地放弃。佛陀让信徒放手，才能搭救他；信徒害怕自己一松手会掉下去，不愿放开树枝。此种行为属于错误选择，佛陀没法搭救他。第二个故事中，第一个人知道最需要什么，果断拿出金砖。他不贪婪，做出的选择是正确的。第二个人太贪婪，什么都想要，没能做出正确选择，结果宝库关闭大门，被关在宝库内，永远无法出来，这说明这个人太贪婪，便被贪婪所吞噬。

总的来说，人生的大部分时间，无论如何做出选择，都不会完美无缺，总会有遗憾。但遗憾本身也是一种美。不妨想一想，即使是权力至高无上的统治者，也无法拥有世界上所有最好的东西，更不用说普通人了。既然已经做出选择，就不要后悔。只要适合自己，就是明智、理性和智慧的选择。如果太贪婪，什么都想要，最终可能什么也得不到。

无法控制欲望，就会沦为金钱的奴隶

在人生旅途中，我们都有一个共同的愿望，那就是追求幸福。然而大多数人认为，一个人是否幸福与拥有多少财富有关，因为金钱可以购买许多东西，如改善饮食、衣着、住宿和出行。诚然，每个人都有追求金钱的权利，但如果不能控制自己对金钱的占有欲望，就容易产生拜金主义。所谓拜金主义，就是过度崇拜金钱，指的是一个人什么事都以金钱为中心，为了挣钱可以不择手段，这是一种极端心态。难道有钱就等于幸福吗？其实并非如此。金钱生不带来、死不带去，一个人一生真正需要的物质财富是有限的，过度追求金钱，最终会陷入欲望的深渊。

一旦人的内心被贪婪所侵蚀，必将受其毒害……人生就像一条河流，有其源头，也有其终点，无论流程有多长或多短，最终都会到达终点，流入大海。在活着的时候，有什么欲望是必须满足的呢？其实每天需要的只是三餐和一个住处，既然如此，为什么还要追求那些超出需求的财富呢？

曾经有两个非常要好的朋友，经常一起干活，一起用餐，人们都说他俩亲如兄弟。有一天，二人来到房子附近的森林中散步。突然，从森林深处跑出一个僧人，僧人显得非常慌张，两人便询问发生了什么事。僧人说，他在种植小树苗时，意外挖出一罐黄金。

两人一听到是黄金，眼睛里立刻闪出异样的光芒，说："你这个僧人也太傻了吧，挖出黄金应该高兴才对，怎么会吓成这个样子？真是太有趣了。"然后，他们问道："你是在哪里发现的，告诉我们吧，我们不害怕。"

僧人说："我觉得你们还是不要去，这东西会带来危险。"

这二人一再说不会害怕，反复催促僧人说出发现黄金的位置。僧人无奈，只好告诉他们，两人听后，立刻跑进森林深处。果然，在一个新挖的坑中，有一罐黄金。打开罐子，这两人被黄金反射出的光芒惊呆了，都想将其占为己有。于是其中一个人说："现在天还没完全黑，把黄金带回去太不安全，还是等到天黑吧。这样吧，我现在就在这里看着，你先回去拿些饭菜来，我们在这里吃饭，等到半夜时再把黄金运回去。"

另一个人觉得朋友的话很有道理，便按照朋友的建议，回去取饭菜去了。留下的这个人打的主意是："你如果回来，我就用棍子将你打死，这些黄金就都归我了。"回去取饭菜的那个人则是这样打算的："我回去先吃饭，在他的饭里下些毒药。他被毒死了，黄金不就都归我了吗？"

接下来的情景发生了：回去取饭菜的人提着食物刚走进森林，就被留在森林的人从背后用木棒猛击头部，当场丧命。那个人看到朋友带来的饭菜，立刻吃了起来，吃了几口后，发现肚子剧痛，这才意识到自己中毒了。临死前，他想起僧人的警告，说："僧人的话真的应验了，我当初怎么就没有理解呢？"

这个故事警示世人，对于财富的贪婪会将人引向罪恶的深渊，让人失去理智。它可以使人互相伤害，甚至使最亲密的朋友变成敌人。当生命不存在时，即使拥有大量的财富又有何意义呢？

确实，每个人都希望自己能够成功，拥有更多财富。当这一切都实现了，真的快乐了吗？如果把人生目标都放在追求财富上，这样的人生极其庸俗，无法真正感受到什么是幸福与快乐，因为二者与占有财富的多少无直接关系。那么，什么是成功呢？你拥有的财富、你的地位、你得到的尊重，这些可以算作成功的标志。但如果还想成为一个快乐的人，就必须有舍得的智慧，看淡财富甚至舍弃金钱，这样才能真正获得快乐。

在现实生活中，大部分人都在为生活而努力工作。然而有些人却能通过不正当的手段轻松地获得财富，这样得来的幸福太片面与狭隘。例如，有些贪官为了金钱，不择手段，财富越来越多，胆子也越来越大。这种人认为钱越多就越幸福，直到站在法庭的被告席上，才明白用自己的前途和自由换来的幸福不仅一文不值，反而还会带来灾祸。

对于君子来说，爱财有原则，用财有尺度。因此，绝对不要为了获取金钱而放弃原则，也绝对不要为了金钱而违背法律和道德。

总之，一个人的生活目标决定幸福。最大的幸福就是珍惜生活、珍惜现在、珍惜每一天。人的一生会经历各种事情，有起有落，有甜有苦，这是人生的常态，一帆风顺只是美好的期望。其实幸福就在身边，需要去发现和创造，遵循法律和道德的幸福最值得珍惜，千万不要为了金钱而做出违法和不道德的事情。

不合理管控欲望，心灵便会肮脏

只要生活中有让你不满足的地方，欲望就会随之而来。欲望是无止境的，很多人在欲望的世界里沉浮，满足一个欲望以后就会出现另一个欲望。欲壑难填，你千方百计地追求，你争先恐后地追逐，结果都无法让你满意。如果你所有的努力，只是为了满足永无止境的欲望，最后只能是身心疲惫。其实，所有存在于欲望世界里的东西都是生不带来、死不带去的。

很多人都认为金钱是幸福的象征，有了金钱就有了一切，于是生活中出现拜金主义者。没有金钱的人羡慕别人住装修豪华的大洋房，羡慕别人开着豪华的车子，羡慕别人随心所欲地消费。但很多事情表明，金钱不是万能的，很多东西是金钱买不来的：可以用钱买来舒适的床铺，但买不来良好的睡眠；金钱可以买来高档的化妆品，但买不来美丽；金钱可以买来漂亮的房子，但买不来幸福的家；金钱可以买来昂贵的保健品，但买不来健康。

每个女人都确信，购物是最容易让她们快乐的事情。只要到商场购物，满足了自己的欲望，那些心烦意乱的事情很快就被抛到脑后。

苏珊也是这样认为的。她能想到的让自己快乐的事情就是去商场购物。在去购物的路上，她感到非常快乐，但是她从来不知道自己在购物的过程中会有怎样的感受。她带着喜悦的心情开车上路，想到自己将会收获很多好看的东西时，内心无限向往。到了商场开始闲逛的时候，她的心情还是非常愉悦，但是当看到商场人比较多，感到拥挤的时候，她居然会紧张，她不想仔细欣赏，而是紧迫地往前走着，走马观花似的闲逛，好像有人催促她一样。特别是当她挑选好东西，排队结账的时候，那长长的队伍足以让她疯狂。她开始变得不耐烦，接着焦虑，然后就会非常愤怒。等到她结账的时候，她一点高兴的心情都没有，感觉自己是来受罪的。她赶快把钱递给收银员，拿上自己的东西之后，才深深呼了一口气。在来到商场之前，她是快乐的，内心的能量驱使她去探寻自己的目标，但是遭遇拥挤、排队种种不适，她感到购物也是有压力的，在回去的路上，尽管她买到了东西，但早已不那么快乐了。

人们对于购物的欲望是强烈的，因为它能满足虚荣心，让你体验到消费的快感，但是为了获得快感而去购物，往往会把消费当作一种压力。有些东西对我们来说很有吸引力，使我们不断追求，而让自我控制的能力降低。那些不会给我们带来快乐的，我们越做下去越感到痛苦，但是人的大脑不会给你释放阻止行动的信号，你只好一直对这个目标追求下去，这是因为我们已经把满足欲望当作获得幸福的方式。欲望是个无底洞，如果不知道知足，欲望就会吞噬我们，让我们被欲望牵着走。

对于许多人来说，他们总以为拥有更多的财富、更高的地位，就能过得更加幸福，而一旦欲望没有得到满足，就会感到特别失落，觉得人生毫无意义。

一家大型商场发生了一起盗窃案，八只名贵的金表被盗走，损失金额达到16万美元。就在案子未被侦破的时候，纵横商场数十年的雷克夫人恰好来到此地批发货物，当时雷克夫人随身携带了4万美元。到达酒店后，有人在谈论这桩案子，并将盗贼说得神乎其神。据传言，如果能和盗贼私下达成交易，5000美元就可以买到一只，八只金表仅需要4万美元，转手后就可以净赚12万美元。雷克夫人一听，不禁想："难道真有这样的好事吗？"

尽管是道听途说终归不靠谱的传言，但雷克夫人确实对金表的事情动了心，一天时间内有关金表的话题多次在她耳边响起。当天夜晚，正当她准备入睡时，床头的电话铃声响起，雷克夫人顺手拿起电话，听筒内传来一个神秘的声音："雷克夫人，我知道你是做大买卖的，手里不缺钱。"

"你是谁，你想干什么，难道就不怕我打电话报警吗？"雷克夫人显得有些惊慌。

对方没有直接回答她的问题，而是说："请不用担心，我不会对你造成任何伤害。可能你也听说商场金表被盗的事情了吧。这几块金表在本地不好脱手，若你感兴趣的话，我们可以做一笔交易。”

对方说到这里，雷克夫人完全明白是怎么回事儿了，不过她在听筒的另一端没有出声。对方见她没有回答，又说：“你完全没有必要担心金表的真假，如果你实在不放心的话，我们可以找一家珠宝店进行鉴定，你觉得怎么样呢？”

雷克夫人又惊又喜，这笔生意可获取的利润要比其他生意丰厚许多，于是便答应对方见面详谈，最后雷克夫人以 4 万美元买下了被盗的八只金表中的三只。

买完金表后的第二天，雷克夫人拿起金表仔细观察，感觉金表有些地方不对劲，于是便把金表带到相熟的珠宝店鉴定。鉴定的结果差点让雷克夫人疯掉，这些金表都是假货，三只金表的价值加起来只有几千美元而已。直到这帮骗子落网后，雷克夫人才知道从她一进酒店的时候起，骗子就已经盯上了她，而她听到的有关金表的话题也是骗子们故意说给她听的。骗子的计划是，就算雷克夫人第一天没有上当，接下来他们还会有许多花招准备诱骗她，直到雷克夫人上钩为止。

所以，我们一定要随时提醒自己，欲望很可能让你失去一切。欲望是个金托盘，也是潜伏在人心里的一种病毒，把握得好就可以利用它，把握不好就会危及自身的安全。有欲望是正常的，但要把握好尺度，让欲望为人所用，否则会被欲望所控制，甚至侵蚀心灵。

不攀比，人生皆有不如意

在这个世界上，很多人都喜欢与别人攀比。适当的攀比心理会使我们不断进步，但倘若大事小事都喜欢与别人攀比，而且总是盲目地攀比，不但不会过得幸福，还会很累。

常常会听到有一些人总是抱怨自己的身世没有别人那么好，别人的家庭背景是那么的好，生活条件是那么的优越，自己却出生在一个普通的家庭里，总是被别人歧视或嘲笑。也有一些女人抱怨别人为什么是白富美，而自己却是一个丑小鸭。有些身材很好的女孩抱怨自己没有漂亮的脸蛋，而脸蛋漂亮的女孩却抱怨自己没有很好的身材。如此抱怨不断，都是内心欲望得不到满足产生的结果。

28 岁的青藤眉清目秀，绝对算得上是一个漂亮的女人。每当看见那些相貌平平的同事，她都会把自己跟她们比一比，由此产生的自豪与骄傲之情，让同事们常常对她敬而远之。但是，当青藤跳槽到某个大企业之后，却发现那里的女同事不但长得漂亮，而且个个会打扮。最重要的是，她们上下班还有车子接送。

青藤觉得自己没有她们漂亮，丈夫又没有他们有钱。青藤突然感到，苍天无眼，老天不公！严重的伤感情绪让青藤每天郁郁寡欢地来到公司，带着愤怒的表情与同事相处。回到家，青藤便经常和丈夫又吵又闹。有时候，青藤也会觉得自己十分幸福，但是只要和别人一比，她就感到万分痛苦。

其实，许多时候与人攀比是毫无意义的，这样做只会扰乱自己的心性，失去分寸感，成为情绪的奴隶。如果把有限的精力放在提升自我、改变自我上面，相信一定会有惊喜的成就。

在英国，有个关于“攀比先生大卫”的故事，带给我们很多启示。

邻居建了一座独特的三层别墅，美丽的花园、豪华的车库、宽敞的卧室，让人羡慕。攀比先生大卫看到这一切，心里非常不平：“哼，难道只有你家有钱建房子吗？明天我就把房子拆了，然后建新的！”

说干就干，第二天，大卫果然将那座五十年的老房子拆除，还请来了建筑队，让他们建造一座五层的豪宅。此外，他特别强调新房子要比邻居家更加壮观气派。

在施工过程中，大卫对细节非常苛刻，多次要求返工。最后，施工队无法忍受，愤然离开。大卫又找其他施工队，但是都没有合作成功。结果，新豪宅没能建成，老房子已被拆除，最后大卫只能在邻居的新别墅旁边搭一个临时棚屋。

五十岁时，大卫还未娶妻。其实，他年轻时有过一段恋情，两人的关系十分融洽。那么，为什么大卫后来始终独身呢？原来，镇上一个独身老男人曾讥笑大卫，说他没有能力像自己一样过单身生活。一怒之下，大卫竟然把女友赶走，并且宣称自己要单身一辈子。从此，再也没有女士愿意与他交往。

大卫只活到六十岁，他的死也是因为与人攀比。当时，一位长者随口说他会比大卫先离世。结果，大卫愤怒不已，竟然服用安眠药自尽了。据说，他还给那位长者留下一句话：“我比你先走了吧。”

相信许多人看后都会发笑，不过也反映出我们生活中的一些现象。过度攀比，比工资、比学历、比吃穿，这种攀比心态会导致情绪失衡，产生极大的焦虑。在生活中保持良好的心态，不与他人攀比，就能减少许多焦虑和忧虑。世界上本身就没有绝对的公平，如果总是带着攀比的心态去工作和生活，就无法摆脱心理失衡的困境，给自己增添许多痛苦和无奈。

攀比会降低个人魅力，污染心灵。一个聪明的人要懂得放下不必要的攀比之心，尤其不要拿自己的缺点与别人的优点比，不要拿自己的不幸与别人的幸福比。每个人选择的人生之路不一样，对幸福的认知也各有不同。当你在羡慕别人、嫉妒别人的同时，说不定别人也在羡慕着你呢！生活的差别无处不在，而攀比之心又是如此难以克服，该怎么办呢？

1.承认自然界中的差异性

世上没有两片完全相同的叶子，每一个人都有自己的优缺点，根据先天和后天的差异，每个人的能力不同。仁者见仁，智者见智，站在不同的角度，人们对同一事物都有自己不同的看法。每个人选择的人生之路不一样，幸福的角度也各有不同。我们一定要懂得，你有你无人能比的魅力，也拥有无人能比的幸福。

2.在攀比中学会找平衡

即使攀比，也不要总拿自己的缺点与别人的优点比，不要拿自己的不幸与别人的幸福比，这样只会比得自己一无是处，那样多累？要把眼光放低一点，学会俯视，多往下比一比，生活便会多一份快乐、多一份满足。

3.自我暗示，增强自己的心理承受能力

自我暗示，也被称为自我肯定，是一种强大的心理调节技巧，能在短时间内改变一个人对生活的看法，增强对事情的应对能力。具体的做法是通过鼓舞人心的语言和行动来激励自己。例如，当看到别人取得优秀的成绩时，可以在心里对自己说“我其实也很棒”之类的话语，久而久之，攀比的习惯就会得到改善。

4.完善自己

如果一个人知道只有通过不断完善自己才能逐渐提升的道理，那么他就能转移注意力，不仅找到前进的动力，心境也会更开阔。

总之，攀比是一把利剑，不会伤害到别人，只会伤害自己。它刺向自己的内心深处，损害的是自己的快乐和幸福。俗话说，“人比人，气死人”，人们在无原则无意义的盲目攀比中容易导致心理失衡。如果能挣脱攀比带给你的束缚，活出与众不同的自己，那么快乐就会如影随形。

第六章

戒除拖延：向行为顽疾宣战

虽然不是每个人都是拖延症患者，但是很多人都难以逃脱它。当一个人屡屡拖延的时候，就成了拖延症患者。要想不虚度一生，过自己想要的生活，就不能拖延。否则，所谓的梦想，所谓的成功，均会在拖延中化为泡影。

正确认识拖延

拖延是一种病态的延迟行为，已经成为现代人的常见问题。“拖延”这个词最早出现在美国人类学家爱德华·霍尔在1942年出版的书中，它的拉丁语原文是*Procrastinatus*，意思是“推迟到明天去做”。

英国作家塞缪尔·约翰逊曾经说过：“我们总是推迟那些知道最终无法逃避的事情，这种愚蠢行为是人性中的一个普遍弱点，它或多或少存在于每个人的心中。”确实如此，拖延是普遍存在的一种心理现象。对于拖延者来说，明天就像是一种幻象，一个可以充满无尽遐想的时间。

“今天我不想做，明天不是还有时间吗？”“让我们明天再讨论这个问题吧，我今天真的感觉很疲倦。”“明天还有很多时间，这件事情不会花费太多时间。”……

就这样，对于“明天”的借口无所不在。正因如此，“明天”成为拖延者最理想、最安全的避风港。于是，办公桌上堆积的文件总是不愿意去整理，直到找不到需要的东西才不得不整理；面对堆积如山的待办事项，总是想着等一等再开始；需要打的电话，常常等到一两个小时后才打；本月需要完成的报告，有时拖到下个月才完成……

杨珊在日常生活中有拖延习惯。工作压力使她一回到家就立刻以疲惫的姿态躺在沙发上，明明决定要完成的任务没有做，反而拿起手机浏览社交媒体，最后到了就寝时间，才发现下班后什么都没做。

如果问她为什么总是拖延，杨珊肯定会说：“任务太多，生活和工作的压力太大。”

现代社会竞争激烈，一个人不想被淘汰，就要给自己制定一个比较高的目标，这样才能应对工作和生活带来的压力。但实际情况是，当一个接一个的事情或问题出现时，人们就会下意识地选择逃避，不自觉地拖延。

其实，一个人在拖延过程中，无论是有意识还是无意识，都会进行思想斗争，在应该行动或者休息之间挣扎，这可能是为了保护自我价值感不受损害。例如，对于一项具有挑战性的工作，如果用3天时间去完成，效果可能不理想；如果用一周的时间去完成，结果应该不会太差，但在时间上会有压力，因为其间还需要处理其他事情。

王大爷是位农民，早上吃过饭后，告诉老伴自己去耕田。当他赶着牛来到田里时，发现牛还饿着肚子。不让牛吃饱，哪有力气干活？想到这里，王大爷回到家里，背起背篓，拿上镰刀，打算去给牛割草。路过庄稼地时，发现地里的野草长得比庄稼还高，他这才想起上周就该除草。他再次折返回去，拿锄头给庄稼除草。刚锄了几下，想起牛还拴在田埂边。他拿着锄头，把牛牵回来，拴入牛棚中……经过他这来来回回的折腾，已到中午，老伴已经煮好午饭。

王大爷一边吃饭，一边思考：下午我到底该干什么活儿呢？

王大爷一整个上午都在忙碌，结果是田地没耕好，牛没喂饱，草也没割，到了中午，什么事情都没完成，他的事例属于拖延行为。有时候，人们并不是在逃避问题，而是注意力被分散。当他们在做一件事情时，总会关注另一件事情，他们看起来总是很忙，最后像王大爷一样，忙碌了半天，一件事情也没做成。

通常拖延者存在这样的心理：自卑，由于每次完成任务都达不到自己最高的预期，对自我能力的评估会越来越低；瞎忙，很多事情拖着没做，是由于自己总是处于很忙的境地；个性顽固，旁边的人催促也没有用，自己准备好了自然就会开始做；不自觉地控制别人，旁人再着急也没用，所有事都要等自己到了才能开始；对抗压力，因为每天压力很大，所以要做的事情一直被拖着。

那么，拖延症有什么具体表现呢？

1.广泛存在的拖延行为

许多人认为自己是习惯性的拖延者，对他们来说，拖延是一种生活习惯。尽管不适应，但这种状态已成为他们的日常。例如，不能准时上班，不能按时完成任务，直到最后期限才被迫加班加点。他们并没有把拖延现象当成严重的问题，这其实是没有认识到拖延的危害所造成的。

2.拖延心理

法拉利曾经说过："让一个习惯拖延的人变成一个有计划的人，就像让一个长期低落的人立刻振作起来一样困难。"拖延并不是制订计划方面的问题，并不是因为个人对时间的估计能力出现了问题，而是心理形成的问题。

3.拖延的传染性

拖延并不是与生俱来的。这种特质很容易受到周围人的影响，可能源自童年时期严格的家庭教育，那时候的拖延是一种反抗行为。周围的朋友对拖延行为持宽容态度，这就导致拖延习惯的形成，继而严重不守时、缺乏时间观念、不把他人的时间当作时间。

4.容易对自己撒谎

患有拖延症的人往往会对自己撒谎。例如，"我更愿意从明天开始做这件事"，或者"只有在压力下我才能做好这件事"，但实际情况并非如此。另外，拖延者认为，时间压力会提高创造力，这实际上是一种错觉，只是在浪费时间。

5.受外界的诱惑

患有拖延症的人会不断地寻找消遣的事情，特别是那些不需要做出任何承诺的事情。例如，看电视、玩游戏、刷手机等，这些活动成为他们调节情绪的一种方式。

6.拖沓的坏习惯

拖延所带来的影响是深远的，如损害身心健康。习惯性拖延的人更易生病。拖延行为也会影响周围人的情绪，破坏团队合作的效率。

如果拖延成性，拿什么来激发生命的激情

拖延是一种不良习惯，是扼杀激情的罪魁祸首。当你被琐事吸引，将时间和精力耗费在不必要的事务上时，对重要事情的兴趣就会逐渐消退。长此以往，积极性和主动性都会受到影响。拖延者缺乏主动性，即使他人催促也不愿加快工作进度。

小庄刚大学毕业时，是个充满雄心壮志的年轻人，外面的一切对他来说都显得新鲜有趣，对工作充满热情。然而，仅仅过了三年，他的激情就已减退。究其原因，主要与拖延症有关。他平时做事总是拖拖拉拉的，工作也不例外。在正式开始工作之前，总是忙于其他琐事。渐渐地，他养成懒散的习惯，自我控制能力越来越差，经常被各种事情吸引，例如一会儿看视频一会儿登录网站。由于经常分心，对日常工作的兴趣逐渐消退。当所有的激情都烟消云散之后，他变得不再积极进取，每天都在浑浑噩噩中度过，不再幻想有更大的发展。

其实小庄也曾想过改变自己的工作状态，但无论怎么努力，都找不回当年的激情。他对此惆怅不已，明明是个二十多岁的年轻人，为什么自己的状态竟像老年人那样暮气沉沉呢?

像小庄这样的人有个专有名词叫“职场橡皮人”。这类人对待工作十分冷漠，心中的激情早已泯灭，就像橡皮做的假人一样机械地工作。“职场橡皮人”在我们身边随处可见，许多白领在同一个工作岗位工作两三年之后，就会出现“橡皮化”，造成这种状况的原因很多，其中不可忽视的一个重要原因便是拖延症产生的消极影响。

拖延者常常用这样的说辞来安慰自己：“等我有时间再做。”似乎自己真的是个工作繁忙的人，事实上他们常常在一些无意义的事情上浪费时间和感情，把激情投放到与工作无关的事情上，等到真正空闲的时候，还是想着玩乐，结果灵感、热情和创造力都在无尽的空虚中化为了泡沫。拖延让人耗空时间和精力，让

热血和激情降到冰点。

威廉很早就立下志愿，长大后要成为国内最著名的画家。然而，由于各种原因，几十年过去了，他仍未拿起画笔。

原来，十岁那年，他在一本美术书上看到梵高的经典画作——《向日葵》。画中强烈的色彩深深吸引了他，向日葵散发出的旺盛生命力好像比太阳更为耀眼。当天，他买回颜料，打算画画。这时窗外传来小伙伴喊他踢球的声音，他应了一声，放下画笔，高高兴兴地跑去踢球了。他心想，学画的事以后再做吧，人的一生那么漫长，总会有机会。

后来，课业变得繁重。为了考上理想的学校，他将大部分精力投入学习中，暂时搁置了绘画计划。大学毕业后，他成为一名普通职员，领着一份不多不少的薪水。虽然他曾想拿起画笔，但现在已经来不及了。他告诉自己工作太忙，根本无法抽出时间学画，于是这个计划被搁置了。

有一天，威廉陪伴朋友参观一次画展。那里的油画作品色彩明丽，令人赞叹不已。这些画家中，不乏后起之秀，绘画功力颇深。威廉回来后受到巨大刺激，立即辞去工作，决定重新拾起画笔。他终于有了充裕的私人时间，本以为自己会全身心投入绘画中。但是，当他看着眼前的颜料时，已失去了当年的感觉，不再有创作的激情。起初，他还能坚持一天画几个小时，渐渐地，他变得越来越没有耐心。不久之后，他将画笔锁进工具箱，永远告别了绘画。

做事拖延的人注定平庸一生。有时候，你觉得未来还很遥远，有无数次机会可以改变自己。但你是否想过拖延让你浪费了多少光阴，错过了多少精彩？从事具有挑战性的工作或追求毕生梦想，本应是令人热血沸腾的事。一旦被拖延的病毒侵入，所有壮志豪情都将成为久远的记忆。

拖延是危险的，它让你生命的火焰无法热烈地燃烧，人生也变得苍白无力，就像一幅缺乏鲜艳色彩的庸俗画卷。在与拖延症为伍的日子里，你不愿意主动去做任何事情，工作时处于昏昏沉沉的状态，心中没有追求。当然，你也会时常对这样的生活感到厌倦，也想振作起来，但却发现很难做到。

有些人在健身房尽情挥洒汗水，在酒吧畅所欲言，在商场享受购物乐趣，其间他们精力充沛，活力四射。但是一到上班，就变得萎靡不振、面无表情，沦为连自己都鄙视的庸人。人可以平凡，但不能平庸。拖延是让人平庸的罪魁祸首，不早日摆脱它，生命就没有激情的火花。

如果你认为自己的人生毫无意义，不要再埋怨命运的不公平，而要从自己身上找问题，调整对待人生的态度，正视拖延给自己带来的危害，重新启动人生的引擎。

时间极其宝贵，每一分钟你都浪费不起

许多人认为，一分钟只是转瞬即逝的一个时间段，可以忽略不计。其实，这是一种非常错误的看法，一分钟也十分宝贵，同样能创造出惊人的成就。对于每一个人来说，要想摆脱拖延，保持高效的工作状态，就要珍惜每一分钟。

居里夫人刚结婚时，家里的布置非常简朴。她的父母写信来说，想为他们购买一套餐桌，作为结婚礼物，这样在邀请客人来家里用餐时会派上用场。

居里夫人在回信中婉言拒绝了，理由很简单：现在没有空余的时间招待客人，甚至没有回信的时间，所以就不用摆放餐桌，而且有了餐桌，还要每天花时间除去灰尘，这会妨碍实验的进展。

居里夫人和许多名人一样，正是把别人浪费在琐事上的时间用来实现自己的目标，使自己的时间价值最大化。他们将无意义、无价值的琐事尽可能地减少，能合并的合并，能不做的坚决不做，将时间和精力用在达成目标上。

美国麻省理工学院曾对3000名经理人进行调查，结果显示，凡是优秀的经理都能非常合理地利用时间。其中的一个部门经理在分享自己的成功经验时说：“时间是挤出来的，你不去挤它就不会出来。时间给每个人都是一天24小时，你不擅长挤，就会跟许多平庸的职业人士一样，忙忙碌碌却又只是庸庸碌碌地度过一生。”

凯茜是洛杉矶一家律师事务所的高级律师，每年要处理的案件多达130件。她的大部分时间都是在飞机上度过的，那么她是如何应对如此繁忙的工作的呢？原来，她有一个非常好的习惯，那就是在飞机上给客户们写邮件，与客户们保持良好的沟通。一次，一位同机的旅客跟她聊起来：“在机上的近2个小时里，我看到你一直在写邮件，你一定是老板的得力助手。”凯茜笑着说：“我已经是高级律师了，我这样做只是不想让时间白白流逝而已。”

优秀人士就是这样重视每一分钟，有效利用每一分钟，使每一分钟都有价

值。要想在职场中取得成绩、赢得成功，就要学会珍惜时间，合理安排和利用每一分钟。

在美国近代商业界里，重视时间的典范人物非金融巨子摩根莫属。

每天早上 9 点 50 分，摩根准时进入办公室，下午 5 点准时回家。有人计算过摩根的资本运作，称他每分钟收入 20 美元，摩根表示好像还远不止这些。

通常，摩根是在宽敞的办公室里与员工一同工作，而不是独自在一个房间里办公。这样做的优势是，可以随时指挥手下员工，按照他的计划行事。走进他那宽敞的办公室，很容易就能看到他，要是没有非常重要的事情，他绝对不会欢迎来访者。

摩根拥有一项非凡的能力：轻易判断一个人找他的目的。来访者与他交谈时，所有拐弯抹角的方法都会失效，他能立刻洞察出对方的真实意图。这种卓越的洞察力帮助摩根节省了许多宝贵的时间。有些来访者并无重要事务，只是想找他闲聊，摩根对此很讨厌，为此他给自己也给来访者定下一个不成文的规矩，即交谈不超过 5 分钟。正是这个规矩，招来很多人的怨言，摩根却对此根本不在乎，因为他在乎的是每一分钟。

时间是宝贵的，一去不复返。“每错过一分钟，即是多给予‘不幸’一分钟可乘之隙。”拿破仑曾这样告诫将士。他说他之所以能击败奥地利军队，就在于奥地利的军人不懂得“5 分钟”的时间价值。

还有人精辟地指出：真正的时间只有三天——昨天、今天、明天。昨天已经一去不复返，明天还远未到来，只有今天最为宝贵。今天播下什么种子，明天就将收获什么果实。要有好的明天，就得从今天做起。

据说，大文学家歌德有一次看到他的小儿子在作文中写下这样一句话：“一分钟算不了什么！”歌德非常生气，在这句话的旁边加了一段批语：“一个钟头有六十分钟，一天也就一千多分钟。孩子啊，明白这个道理后，你才知道一个人一生究竟可以做多少贡献。”

歌德的这段话，说的是要把每一分钟都利用起来，做有意义的事情。在现实生活中，很多人不明白这个道理，任由时间白白地流逝。

贝多芬说："我们所拥有的东西没有比光阴更贵重、更有价值的了。"时间，是上天给予每个人最公平的馈赠。珍惜每一分钟，是战胜拖延的最好方式。时间能使滴落在大地上的汗水变成无价的珍珠，还能增加你生命的宽度和厚度；浪费每一分钟，是纵容拖延的罪魁祸首，时间能使抛弃的珍珠变成临终前追悔的泪水。

丢掉惰性，用行动谱写美好人生

有位女士在一家公司上班，单位效益还不错，工作也很清闲，每天写写材料、改改文件，生活过得颇为安逸。一晃十年很快就过去了，这位女士除了身体有些发胖以外，事业上丝毫没有任何起色，与当初的大学同学比较起来，简直是天壤之别。她非常郁闷，不知道问题出在哪里。

一天她逛街时意外遇到大学时的教授，便请教授去茶室喝茶，闲谈中她说出自己的不解，希望教授能给她指点迷津。教授听到她的倾诉后有些意外，当初她可是老师和同学们眼中的优等生，现在竟然变得如此的平庸。

教授问："除了工作以外，你的业余时间都在做什么事情呢？"

她说："不是约朋友一起逛街，就是窝在家里，对着电视发呆。"

教授听完后，并没有批评她，而是用关怀的口吻说："你听说过沙丁鱼的故事吗？"

她向教授摇了摇头，表示没有听说过。教授说："当年，北欧人非常喜欢吃沙丁鱼，然而市场上很少能见到鲜活的沙丁鱼。主要是因为它们喜欢群居在一起，而在运输途中，由于空间狭小，氧气供应不足，就会导致沙丁鱼窒息而亡。怎么才能让人们吃到新鲜的沙丁鱼呢？为此，捕捞沙丁鱼的渔民们大伤脑筋，想了许多办法，效果都不理想。后来，有位经验丰富的老渔民在装有沙丁鱼的水箱中放入一条鲇鱼。"

说到这里，教授没有继续说下去。这个有趣的故事，一下子吸引了她，她忙问："教授，后来呢？"

教授端起茶杯，润了润喉咙，继续说："鲇鱼天生好动，当它到了一个不熟悉的环境中时，更是左冲右突，在水箱里折腾不停。而沙丁鱼看到有异类入侵，非常害怕，纷纷躲着鲇鱼。就这样，沙丁鱼游动起来，水箱内水花飞溅，从而保证了水的含氧量，有了氧气，沙丁鱼自然就能够存活下来。"

故事讲完后，她说："这的确是一个非常好的办法，那位老渔民太聪明了。"说到这里，她停了下来，略做思忖状，说："这与我的现状有关系吗？"

"当然有关系。"教授回答道。

她一愣，无法想象沙丁鱼与自己有什么关系。教授说："你现在的生活状况，就像大海中的沙丁鱼，舒适而安逸，既没有压力也没有后顾之忧，从而造就了你安于现状的心理，也就是我们平时所说的懒惰。尽管你想有所作为，但内心深处害怕改变，害怕失去眼前现有的生活，害怕面对各种挑战……长此以往，你当初的棱角被岁月磨平了，接受了安于现状的自己。"

教授的话触及她心底最为柔弱的部分，她惭愧地低下了头。回想这些年，自己也想成功，但又不想为此努力，结果便成为现在"当一天和尚撞一天钟"的状态。教授见她有所醒悟，又说："人与沙丁鱼一样，都有惰性，缺少外界的刺激，便像沙丁鱼一样一步步走向死亡，自己也不会有所察觉。如果一个人有了忧患意识，即便对手再强大，自己也会积极行动起来，让自己变得更为强大。"

听完教授的讲述，这位女士终于明白过来。从此以后她不再懒惰，而是把业余时间积极利用起来，努力学习知识，多年以后，她成为当地一位有名气的设计师。

可能每个人都曾有过这样的经历：做某一件事时，先给自己设定一个时间期限，当到了这个期限却没有完成时，便给自己找借口，向后拖一拖。这种行为就是惰性引起的。

惰性就像你的手一样，伴着你来到世上，也伴着你离开世界，可谓形影不离。它会把一个很有潜力的天才变成平庸者。那么，我们究竟应该如何去做才能对付、控制和打败惰性呢？

1.为自己设定一个目标

一般情况下，当我们不知道今天为了什么而活的时候，惰性是最容易滋长的。于是，早上要睡到上班前 10 分钟。当你有目标以后，每天活着就会十分充实。当然，目标不能太远、太大，要切实可行，而且要特别留心在达到一个目标以后要立即设定第二个目标。人很容易在达到目标之后自我满足、失去追求进而被惰性所俘。不要让自己闲着，要不断地找事干。实在没事干，去买个字帖练字。

2.制订计划

照着目标、根据时间制订详细的计划，而且不要偷偷摸摸，不好意思。计划要有整体计划、阶段计划，最重要的是每日计划。同时，要根据实施情况不断修正，倘若觉得有些离谱，就重新制订一个。

3.立即行动

计划订好以后就立即行动，不要让自己的思维陷入矛盾之中。吃完中饭，稍微休息一下，想到计划是复习上午的学习内容，就立即翻开书。倘若再想一想这时有什么电视节目，是不是先看一会儿小说，那就是为惰性找借口。

4.想方设法寻找动力

在计划之初肯定是干劲十足，过一段时间后就容易松懈，必须不断地寻找新的动力。只要你肯动脑筋，就会发现很多适合自己的动力。你可以去看本名人传记，可以去找个优秀的朋友谈心，也可以到大城市看一看感受一下时代气息……当然，最容易做的是，在显眼的地方贴个座右铭，时刻提醒自己。

5.寻找一个幽静的地方

倘若你的生活环境不是很催人上进，那就试着换个环境。要是一个人能更好地实行计划，那就一个人待着；要是觉得和几个很上进的朋友在一起能更好地激励自己，那就多花时间和他们在一起。只要觉得环境不适合，就别犹豫，换个环境或许会大有成效。

立即行动才不会败给拖延的自己

有一个年轻人，几乎每天都在思考如何才能成名，尽管他有很多想法，但从未真正开始做过任何事情。有一天，他散步时遇到一位智者，立刻上前请教成名的方法。

他说："有什么方法可以让人一举成名呢？我已经想了好几年，没有一点儿头绪。"

智者听了他的话，马上就理解了这个年轻人的心态，他问道："你真的想成名吗？"

年轻人坚定地说："当然，做梦时都在想。"

智者非常直接地说："等你去世后，你就会成名。"

年轻人非常惊讶，问："为什么这样说？为什么我只有去世后才能成名呢？"

智者回答："你一直想要成名，却从未真正做过任何事情，你认为成名会因为你的拖延而来吗？那显然是不可能的；等你去世后，人们会把你的故事作为反面教材提醒自己不能只想而不去做，如果像你一样最终会拖延到死，这时你就会成名。"

这个故事说明，无论是谁，空想而不付诸行动，是永远无法实现梦想的。故事中渴望成名的年轻人就是这样，有成名的想法，只停留在思考阶段，一拖就是好几年，最终什么也没得到，反而成为智者口中可以作为反面教材的拖延者。

哥伦比亚大学的心理学教授安吉拉在文章《对拖延的再思考：态度和行为中"积极拖延"的正面效果》中，将拖延分为两种状态：消极拖延和积极拖延。相较而言，积极拖延者更喜欢在压力下工作，这样可以做出更深思熟虑的决定，并更及时地执行，而无法按时完成任务的情况则属于消极拖延。安吉拉教授认为，要想摆脱拖延，就必须认清自己的拖延状态，然后针对性地采取行动，才能成功戒掉拖延。

总之，拖延其实是一种我们可以自己解决的现象，不需要药物或医生的干预。“拖延只是一种行为模式，与其说它可以被治愈，不如说它可以被管理。”这是一位研究了三十年拖延症的心理学家博克的观点。那么，要想有效地改掉自己的拖延症，有什么万能的良方呢？答案很简单：行动是永恒的真理！

有一位名叫西尔维亚的美国女孩，她的父亲是波士顿有名的整形医生，母亲在一所大学任教。她家庭条件优越，完全有机会实现自己的理想。她从中学时代起，就梦想当电视节目的主持人。她觉得自己具有这方面的能力，因为每当她和别人相处时，即使是陌生人也都愿意亲近她并和她交谈。她知道怎样从人家嘴里掏出心里话，她的朋友们称她是“亲密的口才女神”。她自己也非常自信，常说：“只要有人愿意给我一次机会，我相信一定能成功。”

但是，她没做任何实际性的行动，只是等待奇迹的出现，希望一下子就当上电视节目的主持人。

西尔维亚就这样期待着，最后什么奇迹也没有出现。

另一个名叫辛迪的女孩也有着与西尔维亚完全相同的理想，不同的是，辛迪通过自己的行动，达成了这一愿望——成了电视节目主持人。辛迪知道“天下没有免费的午餐”，一切成功都要靠自己去努力争取。她白天工作，晚上在一所大学的舞台艺术系上夜校。毕业之后，她开始为梦想而奔波，几乎跑遍了洛杉矶每一个稍具名气的广播电台和电视台。但是，每个地方的经理对她的答复都差不多：“不是已经有几年工作经验的人，我们是不会雇用的。”

她没有退缩，也没有等待机会，而是继续寻找机会。为此，她一连数月仔细阅读广播电视方面的报纸杂志，在上面寻找工作信息。功夫不负有心人，她发现一家小型电视台招聘天气预报员。

辛迪抓住这个工作机会，立即前往应聘，并成功地得到那份工作。

辛迪在那里工作两年后，去了洛杉矶的一家电视台。又过了五年，她终于如愿以偿，成为节目主持人。

为什么西尔维亚失败了，而辛迪却能如愿以偿呢？西尔维亚一直停留在幻想上，坐等机会，期望时来运转，然而时光却流逝了；辛迪则是采取行动，她先是用专业知识充实自己，然后又在小电视台锻炼，积累了比较多的经验，直至最终实现理想。

行动起来吧，“今天能做的事情，不要拖到明天”。这样你才不愧对自己的人生。回过头来，我们再看看那些成功的人，他们一旦遇到问题就马上动手去解决，从不拖延，因为他们知道拖延没有任何意义，只有集中精力，果断行动起来，才能找到解决问题的办法。

思虑太多容易坠入拖延的深渊

“我对这份工作已经没有任何兴趣。有时候觉得时间过得太慢，可是一旦想到辞职，又不敢轻易行动。房贷还没还清，孩子要上幼儿园，生活开销也不小，没有收入的话怎么生活？辞职之后能不能找到理想的工作？”其实，工作就像“围城”，外面的人想进去，里面的人想出来，大部分人都在两者之间犹豫、权衡，结果越想越无法下定决心。

没有一份工作是完美无缺的，每一份工作都有优缺点。面对优缺点，我们经常需要在关键的时刻做出一些重要的决定。例如，是否要辞职，是否要换行业，如何解决这个工作难题，出错后如何应对领导的批评……每个人的职业道路都会遇到这样或那样的抉择。当面对这些问题时，思索、犹豫在所难免，如果太过于瞻前顾后，就会导致时间上的浪费，从而失去难得一遇的好机会。

很多时候，想得越多麻烦也就越多。如果想辞职创业，就不要天天纠结于“缺少资金、缺少项目、缺少人脉、缺少背景”等问题，应该果断决定，马上行动才是最为重要的。俗话说“时不我待”，现代市场环境变化无常，因犹豫和拖延而错过商机，只能悔恨不已。

过多的思虑只会消耗精力，把精力都用在思前想后上，工作时就会精力不济、时间不够，养成拖延的恶习也就在所难免了。如果你一直处于思虑之中而不能快速行动，那么应该做一次深入的自我检视。

老秦是 20 世纪 80 年代的大学生，毕业后分配到一家大型国有企业，成了一名人人都羡慕的技术员。在当时，可以说是万里挑一的金饭碗，老秦本人也特别珍惜这份工作。他以为自己的工作和生活会一直平静地延续下去，但没想到，刚过 30 岁的他，遇到人生中的一个重要抉择。

随着改革开放的浪潮越来越猛烈，很多国企员工和公务员等纷纷辞职下海，去南方寻找机遇。在这样的大背景下，老秦也有所心动。当时，和老秦一样是技术员的同事A决定去深圳闯荡IT界。

当同事A邀请老秦一起提交辞职申请时，老秦却犹豫不决。

“家里年老的父母亲，如果有个三长两短怎么办?”

“孩子年龄还小，没有爸爸陪伴会不会影响他成长?”

“一旦辞职，失去这份稳定的收入，南下淘金要是挣不到钱的话，一家人的生活怎么保障?”

“自己这样离开家乡，把一切生活上的事情都交给妻子，会不会损害夫妻间原本和谐的关系?”

既担心失去稳定的工作，又害怕面对未知的生活，老秦就在这样的心理斗争中艰难考虑着。有时候终于下了决心，第二天就会自我否定，又继续重新考虑取舍……经过一次又一次的考虑，老秦最后决定辞职南下，这时候距离同事A辞职已经过去了整整一年。

思虑往往会消耗我们的执行力，导致行为上的拖延。老秦就是思虑过多，南下深圳的事情才会一推再推，竟然推了整整一年。正是这一年的时间，却决定了同事A与老秦命运的天壤之别。互联网行业的竞争比其他行业激烈得多，谁能抢占先机，谁就能迅速占据市场，成为行业领导者，慢一步则会步步赶不上。

老秦南下深圳时已经是20世纪90年代初，同事A因为提前一年，正巧赶上国内互联网行业的新一轮变革。同事A和自己所在的公司度过了艰难时期后，终于迎来机遇，他则顺理成章升为管理人员，而且拿到企业股份，而老秦正好错过这个时期，只能循规蹈矩地工作。

人们常说时势造英雄，越是行业变革的时期，越是充满机会。进入平稳发展期，无论是升迁机会还是职业发展空间都会大大缩小，老秦就是这种情况。

转眼间十年过去了，同事A随着公司上市，早已成为千万富翁，在公司内部也是颇有威望和地位的资深人士，而老秦勤勤恳恳的努力也只换来一个部门主管的小职位。

由于思虑过多而导致的拖延往往会让我们在不经意间失去最为珍贵的机会，如果当初老秦能够和同事 A 一样迅速做出决定，而不是在优柔寡断中一推再推，老秦的职业状况肯定会更好。可惜时光无法倒流，他也只能后悔自己当初的拖延了。

在现实生活中，不少人都有类似老秦的困扰，这完全是思虑过多而引起的拖延。要想避免这一点并不是没有办法，不妨按照以下方法进行尝试。

1.对自己狠一点，成功就近一点

畏首畏尾就永远找不到新出路。俗话说“困难像弹簧，你弱它就强”，也就是说你越是怯懦畏事，就越容易被思想包袱所累，最后因拖延而一无所成。不如放下一切，快速做出决定，反而会有所成就。

2.要善于快速抓住机会

如果碰到一点小事就左思右想、犹豫不决，甚至还要耗费大量时间找他人商量，不仅有失去自己主见的危险，还会错过难得一遇的好机会。

也许有人会说，决策果敢、雷厉风行的做事风格不沉稳，可能会出错，但这总比只说不做要好得多。我们必须明白，在有限的生命、有限的精力以及有限的才智的情况下，用最快的速度做出最正确的决定，才是正确的选择。优柔寡断或一直纠结那些毫无意义的事情，只能让机会从眼前溜掉。

每一次行动前，都先制订好相应的计划

成功者之所以能够将每个任务的进度都控制在一定的范围内，并不是因为他们的能力超群或者才华横溢，而是因为他们在设定目标后，会制订行动计划，并用坚定的意志力来确保自己遵守这个计划。制订计划对于一个人的成功至关重要，它是克服拖延的有效方法。当你为一项任务制订了计划，会更容易约束自己的行为。计划就像一个闹钟，当你设定好闹钟的时间，它就会准时提醒你。当你长期按照计划行事，你会发现身体内部形成一个精确的生物钟，会对你的工作、学习或者做其他事情产生积极的推动作用。

有个商人，做生意一直处于亏损、失败之中。有一天，他正在反思自己为何会失败，这时一个债权人上门催债。商人无奈地问："我为何会失败呢？是我对客户不够热情，还是态度不够友好？"

债权人回答："实际上，情况并不像你想的那样。你还有一些剩余的资产，完全有可能重新开始。"

商人听了他的话，沮丧地说："重新开始，这怎么可能？"

债权人接着说："没问题，你应该先把现在的经营状况做一份资产负债表，了解自己的财务状况。"

商人不解地问："你的意思是，让我把所有资产和负债仔细核算一下，做出一份表格吗？再把地板、桌椅、柜子、窗户都清洁干净，重新装修一下，然后重新开业吗？"

债权人说："没错，你现在最需要做的就是制订一个计划，按照计划行事。"

商人说："有些事情我很早就想做，但却一直没做，或许你说得对。"

后来，商人按照债权人的建议，始终按照计划行事，数年后，不仅还清所有外债，还成为当地商界小有名气的人物。

对于每个人来说，有计划的行动是一种自我管理的能力。要是没有计划就去

行动，在行动过程中东一榔头、西一棒槌，很难取得成功。

在追求成功的过程中，不想做事拖延，就应该制订计划，有了计划才能更好地控制自我。想成为优秀的销售人员，不要再拖延，现在就应该研究产品、扩大人脉、分析市场、学习更多的销售课程；想成为政治家，不要浪费时间，立即开始学习演讲、写作、管理和协调能力；想成为某个领域的专家，不要拖延，立即专心学习、选择研究方向、确定研究课题、大量阅读和撰写论文。

哈佛大学机械制造专业的优秀学生史蒂芬能够成功进入美国顶级的机械制造公司，就是因为他做事有计划。

维斯卡亚是美国知名的机械制造公司，薪资和福利都非常优厚，但对员工的选拔也非常严格。即使是美国顶尖大学的优秀毕业生，也不一定能成功进入这家公司。这个公司每年都会举办一次招聘会，史蒂芬也像其他的优秀人才一样参加这次招聘会。尽管他事前做了充分准备，但还是被拒绝了。史蒂芬并没灰心，因为他早就制订好备用计划：若应聘不成功，就请求人力资源经理把他留下来，做任何事情都可以，而且不需要支付报酬。

史蒂芬的计划成功了。人力资源经理考虑到公司的利益，留下了这个不要报酬的年轻人。不过，他的工作与机械制造无关，只是每天在车间清理废弃的铁屑。史蒂芬白天在公司勤奋工作，为了生活，晚上还要在酒吧打工。尽管很辛苦，但他没有忘记初心，也就是他的下一个计划——得到公司重用。

为了实现这个计划，他在工作期间，利用到各个部门清扫的机会，仔细观察公司各个部门的生产情况，并将它们一一记录下来。当发现机械制造技术存在问题时，他暗中花了一年时间统计出大量的数据，然后寻找解决方案，进行设计改造，这为他后来的成功奠定了基础。

史蒂芬终于迎来了机遇。一段时间以来，因产品质量问题，大量订单被退回，公司遭受了重大经济损失。为了解决问题，公司董事会召开紧急会议。会议进行了很长时间，但与会人员并未找到解决问题的办法。就在这时，史蒂芬果断敲门，进入会议室。他见到总经理后，对公司产品出现的问题给出令人信服的解释。他还对工程技术上的问题提出自己的改进建议。接着，史蒂芬拿出一张纸，上面是他自己画的机械改良图。这个设计不仅保留了原有机械的优点，还解决了它存在的问题。总经理和董事们看到这个方案后非常满意，都对这个年轻人的聪明才智表示赞赏。后来，史蒂芬被任命为负责生产技术问题的副总经理。

戴尔·卡耐基曾说："生活必须充满意义，而不仅仅是存在。无论是行动还是言语，不管其规模大小或数量，都应基于深思熟虑的计划。然后问自己，这些行为或话语是否有价值。这样的自我审视是奋斗的基石。"史蒂芬之所以能在职业生涯中获得成功，正是因为他的每一行动和想法背后都有周密的计划。

在日常工作、生活中，要想达到某个目标，制订计划至关重要，并且要考虑到意外情况，以确保计划顺利执行。比如，目标是增强体质，就应该制订一个详细的锻炼计划。可以计划在周一、周三和周五去健身房，而周二、周四和周六则在小区周围散步。如果发现自己开始懈怠，回想到尚未完成的计划，就会产生严格要求自己的动力。坚持这样做，就能有效避免拖延或偷懒等问题。

第七章

正视恐惧：坦然面对内心的冲突与害怕

恐惧是很多人都会产生的心理反应，通常采取逃避的方式去获得一时的安心。但这种做法，无法从根本上克服恐惧。要想彻底克服恐惧，最好的方法就是直面它、正视它、挑战它。你会发现，它并没有想象中的那样可怕。

别再吓唬自己，恐惧的本质来源于内心

蛇、老鼠和蟑螂通常不受欢迎，而鲜花和可爱的婴儿则广受喜欢。人们对前者的恐惧要比对后者强烈得多。这种差异表明，人们对不同的事物有着不同的恐惧反应。

在野外生活的猴子会有被蛇咬的经历，对蛇产生恐惧是正常的。生活在动物园或实验室的猴子与蛇接触较少，甚至根本没有接触过，对蛇的恐惧程度较低。科学家曾在野外拍摄一组视频：猴子们的食物在蛇附近，所有猴子看到蛇后都不敢靠近食物。科学家将这个视频展示给生活在实验室中的猴子观看，实验室的猴子从同伴的行为中学会了对蛇的害怕。随后，技术人员对视频进行处理，将蛇的画面替换成鲜花，让视频内容变成野外的猴子对鲜花感到害怕。然而，实验室的猴子在看到这个经过处理的视频后，并没有对鲜花产生恐惧。

从这个实验可以看出，猴子对恐惧的反应是经过筛选的，蛇和鲜花都没有对它们构成威胁，但它们却将蛇视为恐惧对象，对鲜花的态度则截然相反。猴子们有意识地选择了哪些事物会让自己害怕、哪些不必担忧，也就说明恐惧是由自己制造的。对于人类来说也是如此，有些事物本身并不具威胁性，但我们主观地认为它们是危险的，因此选择远离。

在电器厂工作的一位新工人，总是担忧自己可能在工作中遭遇意外。他每日都在高压电环境中工作，尽管工厂的安全措施非常完善，同事们也安慰他说："你的担心是多余的，我们在这里工作多年，从未发生过事故。"

不过，这位工人依然对高压电感到恐惧。有一天，他不慎触摸到一条电线，随即倒地不起，一命呜呼。车间主任对此非常困惑，因为那条电线是未接通电源的备用电线，不应该有致命的电流。但工人的身体呈现出与电击相似的紫红色，这让车间主任无法判断，只能等待法医的鉴定结果。

最终，法医报告指出，工人身上没有电流痕迹，没有迹象表明他遭受高压电

击，工人的死亡是由他对高压电极度恐惧造成的。对此，法医给出了合理解释，他说："死者长期生活在对高压电的恐惧中，心理承受力极弱，当触碰到那条未通电的电线时，他错误地以为自己被电击，由此引发了致命的恐慌，自己将自己吓死了。"

对特定物体的恐惧往往源于自我暗示，心理学家进行的实验表明，人们倾向于选择那些引起恐惧的事物。在一个实验中，志愿者被邀请观看一系列图片，同时在他们身上连接电极，无论他们看到哪张图片，都会有轻微的电流通过。图片包括让人愉悦的事物，如笑容满面的孩子、色彩鲜艳的花朵、形态各异的蘑菇；也有让人不悦的事物，如阴森的蜘蛛、吐芯子的蛇等。当询问志愿者在看到哪些图片感觉到电流时，他们普遍回答是在看到蛇、蜘蛛、老鼠、蟑螂等图片时。有些人即使没有直接看到令他们恐惧的事物，也会感到不适。对某些事物的厌恶和恐惧已经成为人们心理的一部分，以至于一提及这些事物，就会立即表现出警觉和抵触的反应。

在一些灾害事件的影响下，一些人对灾难的恐惧变得敏感和非理性。例如，有些人会轻信谣言，担心自己居住的城市将要发生地震，并做好逃生准备；有人因为误信 2012 年世界末日的预言，而挥霍积蓄，希望在所谓的末日到来前享受生活；日本福岛核事故后，一些人担心海洋污染，导致碘盐短缺，开始囤积食盐；还有人对雾霾极为恐惧，购买大量口罩，却不确定这些口罩是否真的有效。这些反应越来越极端，甚至开始影响日常生活。

宋朝程朱理学的代表程颐曾说过："人多恐惧之心，乃是烛理不明。"恐惧的根源在于个人的内心，是人们先入为主地认定某些事物为恐怖的存在，随后才表现出恐惧。因此，许多不必要的恐惧就这样形成了。

逃避的最终结果，就是反噬自己

逃避是对恐惧的一种自然反应。为了避免恐惧，人们往往本能地保持警觉，原因是感官对潜在的危险非常敏感。在面临威胁时，许多人的直觉是先逃避，之后才会考虑是否有能力面对挑战。

那些感到恐惧的人通常会尽量避开引发恐惧的环境。例如，怕蜘蛛的人会避开阴暗湿润的地方；社交恐惧的人会避开人多的场合；广场恐惧症患者会尽量不去开阔的空间；害怕开车的人则选择其他交通方式。这种基于情境的逃避是最基本的应对恐惧的方式。

人们也往往会避开那些引起恐惧的事物。例如，一个担心无法达成销售目标的销售人员不会去思考完不成任务的后果；害怕雷电的人尽量不接触那些讨论雷电灾害的人群；对血液和伤口恐惧的人一般不会观看恐怖电影。这是因为，引起恐惧的不仅是实际的场景，还包括能够产生恐惧氛围的元素，如图像和言语，因此与恐惧相关的因素就成为人们的逃避对象。

人们也会逃避恐惧引起的主观感受。面对让自己害怕的事物时，会有心跳加速、胸闷、呼吸困难等反应，脑海中不断浮现出令自己恐惧的画面。例如，一个害怕鸟的人，看到天空中飞翔的鸟后会感到极度恐慌。他会努力告诉自己不要想那只鸟，那只鸟不会落在自己身上……他这样做，就是在逃避自己的恐惧感受，试图忽视天空中飞过的鸟这一事实。

还有些人常常躲避那些引起身体不适的事物。在某些恐惧情境中，他们会过分关注身体的反应，如面红恐惧或呕吐恐惧等。

逃避可以提供临时的安全感。这种感觉是暂时的，但能让人在短时间内感到放松。

杰斯从不喜欢与人直视，因为这让他感到不舒服。随着对视时间的延长，他的焦虑感也会增强，即使是与熟悉的人也是如此。受到直视恐惧症的影响，他发明了许多躲避眼神接触的策略，这些方法包括：

（1）佩戴深色墨镜。

（2）调整帽檐，使其稍微遮住眼睛。

（3）留长刘海，以便遮挡部分视线。

（4）聚焦于对方眼睛周围的物品，如窗帘或眼镜边框，以避开直接对视。

（5）选择并排交谈，而不是面对面，这样可以避免直接的眼神接触。

起初，杰斯对自己的小策略非常满意，相信这些方法会帮助自己克服恐惧。他觉得自己的眼睛被遮挡起来，有一种被保护的感觉，会让他的焦虑感有所减轻。后来，人们注意到他在躲避眼神交流。杰斯也注意到，尽管自己的眼睛藏在帽子下，人们的目光仍然集中在他身上，让他感到和直接对视没有太大区别，他的不安感再次增强。因此，他的恐惧感并没有减少，反而有所增加。为了解决这个问题，他开始寻找新的方法来避开与人目光接触，可他发现，每一种新方法都不能持久。

对于那些害怕在社交场合中暴露个人隐私的人来说，会有与杰斯类似的体验。他们担心在与人交流时不小心透露了个人信息，对自己未来的安全和生活造成影响。在交谈中，他们会故意岔开话题，避免谈及任何个人的细节。

杰斯的行为是一种明显的回避策略，有些人则会巧妙地隐藏自己的逃避行为，看似没有逃避，其实只是掩饰得较好。例如，一个对猫有恐惧感的人不愿意陪朋友去宠物店，又不想表露出自己的恐惧，因此会找借口说："养宠物会带来疾病风险""宠物会导致一些卫生问题""我个人并不特别喜欢猫这类宠物"。这样，他就避免了直接表达"我对猫恐惧"或"猫让我感到不舒服"的情绪。

人们逃避恐惧通常分为显性和隐性两种，不管是显性逃避还是隐性逃避，其根本目的都是保护自己，避开可能的危险。这种行为并没有真正帮助人们克服恐惧。逃避阻止了人们了解自己能够承受恐惧的程度，当恐惧感上升到一定程度并爆发时，恐惧感可以被克服，显然逃避让人失去克服恐惧的机会。短期内，逃避能带来安全感，长远来看，它阻碍了对恐惧源头的理解，导致恐惧感加剧。对于那些通过心理治疗方法来克服恐惧的人来说，逃避会大大减弱治疗效果。研究表明，在接受心理治疗的恐惧症患者中，适应恐惧的人比避开恐惧的人更能快速克服恐惧。

勇敢迈出第一步，你就成功了一半

俗话说：“万事开头难。”其实，真正的挑战不在于任务本身，而在于我们内心的恐惧。例如，生活中会看到这样的情景：当孩子尝试走路时，他们对迈出的第一步感到恐惧。一旦鼓起勇气，小心翼翼迈出那一步，就标志着即将学会走路。

曾有一段时间，丘吉尔因政治上的挫折而陷入忧郁之中。这种情绪变化家人看在眼里、急在心里。恰巧，丘吉尔的邻居是位画家，家中摆满五颜六色的颜料、画笔、画布和画作。丘吉尔经常去那里欣赏，并在心情低落时向邻居学习绘画。

在政治领域，丘吉尔以果敢而闻名。但面对一张洁白无瑕的画布，他却迟迟不敢动笔，害怕出一丁点儿的差错。看到这一幕，邻居干脆将各色颜料泼洒在画布上。丘吉尔见状，便提起画笔在画布上自由挥洒。就这样，他完成了自己的第一幅画作。尽管作品远非完美，但对他来说却是一个重大的突破。

从那时起，丘吉尔开始全身心投入绘画，通过持续的实践和学习，逐渐在绘画上大有进步。最终，丘吉尔不只是创作出一系列大胆且风格多样的油画佳作，更是重拾信心，在英国乃至全球历史上取得了令人瞩目的成就。

在开始做一件事时，我们往往会迟疑和担忧，担心自己无法做好。实际上，这种担心反而会影响我们的表现。因此，勇敢地迈出第一步至关重要。

万丈高楼平地起，凡事都要有第一次。许多人对首次尝试感到恐惧，害怕迈出第一步，但他们不知道，只有开始才能得到结果，而一个好的开端往往预示着成功了一半。即使失败了，也无须畏惧或后退，勇敢地继续前进，每一次尝试都是宝贵的经验和小小的成就。只有那些敢于迈出第一步的人，才能开创自己的美好未来。

1969 年 7 月 20 日，美国宇航员尼尔·阿姆斯特朗从“阿波罗 11 号”飞船的登月舱中走出，成为第一个在月球表面留下足迹的人，实现了人类登月的伟大梦想。如果他没有展现出如此勇气，人类的科技进步怎能迈出如此重要的一步呢？他的一小步代表了人类的一大步，不仅是他个人的胜利，也是全人类的荣耀和自豪。

“路漫漫其修远兮，吾将上下而求索。”我们出生时都是一张白纸，只有通过不断的探索和坚持不懈的努力，才能逐渐揭开真理的面纱，实现一次次的成长。

有位年轻人出生在中医世家，家族最擅长的医术就是针灸。然而，这位年轻人却一直不敢拿起那根长长的银针。父母暗自叹气：难道我们的中医针灸技术要在他这一代断了吗？

为了将这项技术传下去，父母开始逼迫年轻人学习针灸，但越是逼迫，他越是不敢迈出第一步。父亲对此急火攻心，病倒了。这时，一位好友前来探望，父亲向好友倾诉苦衷。好友却笑着说：“你病倒了，正是让他迈出第一步的好机会。”接着，好友对父亲耳语一番。

好友走后，父亲的病情突然恶化，陷入昏迷之中。家人非常焦急，母亲悲伤地说：“如果你父亲离开我们，他在另一个世界也无法面对列祖列宗。”听到这话，年轻人脸色变得通红，知道母亲没有明说，实际上在指责他。尽管他已经熟记针灸的技巧，但一直未能鼓起勇气实践。在无路可退的情况下，他只能强迫自己，为父亲诊脉后，定位穴位，然后闭上眼睛，扎了下去。

出乎意料的是，这一针使父亲缓缓睁开眼睛，并慢慢地说：“这一针扎得非常好。”这一针不仅帮了父亲，也让年轻人克服了内心的恐惧。此后，他在父亲的言传身教下，很快掌握到针灸的精髓。

很多时候，我们像这位年轻人一样害怕尝试从未做过的事情，担心自己做不好。不过，实际情况往往没有想象中的可怕。没有经验并不意味着无法做好，要是连第一步都不敢迈出，那就注定无法取得成功。因此，克服恐惧，勇敢迈出第一步，大胆前进，即使前方布满荆棘，最终也会抵达一片崭新的天地。

自信可以战胜恐惧

自信是发自内心的自我肯定与相信。面临挑战时，那些自我信念坚定的人往往会勇敢地迎接挑战，而战胜困难所带来的满足感会进一步增强他们的自信，这样就构建了一个正向循环。

当面对某些特定的恐惧时，许多人的自信会动摇，而自信一旦动摇，恐惧就会增强，这样就形成一个负面循环。也就是说，自信在恐惧面前逐渐递减，甚至消失不见，恐惧则完全占据内心。

夜幕低垂，暴雨倾盆。陈宇独自驾车行驶在一条崎岖的山路上，周围漆黑一片，只有车灯勉强照亮前方的泥泞路面。广播里传来紧急警告：附近可能发生山体滑坡，所有车辆务必尽快撤离。陈宇握着方向盘的手心已被汗水浸湿，他想要加速离开，却发现前方的山路因为塌方而中断。

他停下车，紧急拨打求助电话，但信号断断续续，救援队的回应模糊不清。他的脑海中不断闪出最坏的念头：山体随时可能崩塌，而自己却毫无退路。他深吸一口气，试图平复情绪，但恐惧像潮水一样涌上心头。

“我该怎么办？我可能永远走不出去了。”陈宇喃喃自语，声音颤抖。他打开车门想寻找逃生的路，却发现脚下的泥土已经开始松动。他顿时两腿一软，跌坐在地上，任凭雨水打湿全身。

就在这时，远处传来微弱的喊声：“有人吗？”一个同样被困的路人冒雨跑来，递给他一只手电筒。陈宇接过手电筒时，感到自己的手竟在微微颤抖。

“没事，我们一起走，总会找到安全的地方。”路人的话简单而坚定，给予陈宇莫大的鼓励，让他在绝望中看到希望。他们互相搀扶着，沿着山坡边缘的小道缓缓前行。

终于，他们找到一处相对安全的避雨点。看着不远处赶来的救援车辆，陈宇的眼泪混着雨水流了下来。

不论是谁，当恐惧降临时都会感到不安。有时，人们在面对危险时产生无力感，并非因为能力不足，而是因为恐惧充斥了整个心灵，侵蚀了自信。在这种情况下，若不能及时正视恐惧，重建自信将变得极其困难。

曾有心理学家进行过一项实验，探究人们在面对恐惧时的反应。为此，他邀请七名志愿者参与。

实验开始时，心理学家让他们进入一个漆黑的房间，然后再走出来。当志愿者们离开房间后，心理学家打开灯，展示房间内的布局。房间里有一个大型水池，上面架着一座窄窄的木桥，而水池中有几只巨大的鳄鱼在游动，仿佛随时准备攻击过桥者。

看到这一幕，七人都感到恐惧，难以置信他们刚才是如何安全通过的。接着，心理学家邀请他们再次尝试过桥，所有人都犹豫不决。经过一番思考，最终有三人勇敢地站了出来。他们的表现与之前大相径庭：第一个人小心翼翼、战战兢兢地过了桥；第二个人走了几步后，被恐惧驱使着返回起点；第三个人在迈出第一步时就被恐惧打败，未能继续前行。

之后，心理学家又打开更多的灯，这时大家发现在木桥下方原来有一张安全网，之前因为光线昏暗而未被发现。心理学家问："现在谁愿意再次尝试过桥？"这一次，有五人表示愿意尝试，另外两人仍然对安全网的可靠性表示怀疑，担心自己从桥上掉落，再从安全网上掉入水中，成为鳄鱼的食物。

这项实验展示了人们在恐惧的影响下是如何容易失去自信的，以及自信一旦恢复，就能够对抗恐惧。志愿者们在黑暗中不知道过桥有潜在危险时，能够平稳通过；当他们意识到水中有鳄鱼时，就变得不敢尝试；当他们了解到有安全网作为防护措施时，虽仍有不安全感，但恐惧有所减轻。对于这些志愿者来说，恐惧感越强烈，自信就越低；而当恐惧减少时，自信心得到恢复。实际上，只要自信得到增强，恐惧就会进一步减少。

建立和加强自信并非易事，理解了自信与恐惧之间的消长关系，就找到了战胜恐惧的有效方法——建立自信。

打破想象，恐惧只是自己吓自己

古时候，在夏水口的南边，住着一个叫涓蜀梁的人。涓蜀梁特别胆小，尤其害怕黑暗中一个人独处。在黑暗里，他总会莫名地恐惧，脑海里不断浮现出一些鬼魂之类的可怕想法。这些无端的想象常常让他越想越害怕，恐惧的情绪也随之加剧。小的时候，他夜晚去厕所时，总让父母持着蜡烛在厕所外面等着，他才能安心进入厕所。稍大一点后，父母意识到这种过度依赖不利于他成长，便决定不再陪他上厕所，让他学会自己面对黑暗和恐惧。

父母不再陪着，涓蜀梁总尽量憋着，实在憋不住才匆忙跑进厕所，完事后迅速回到屋内。整个过程中，他一直处于极度的紧张和恐惧之中，害怕有鬼魂之类的“脏东西”趁机溜进他的房间，待他回来时对他进行伤害。可以说，夜晚是他最害怕的时刻，为了减少上厕所的次数，他总是晚饭后尽量少喝水；每到睡前，他会用板凳把房门死死抵住，担心鬼怪会在半夜推门而入。不仅如此，他还会仔细检查床底、桌下和房间的各个角落，确保没有任何可怕的东西藏匿在其中，他才能安心入睡。

长大后，蜀梁的学识越来越渊博，胆量却没有丝毫改变。一天午后，他到邻近村庄去请教一位秀才，两个人讨论得非常尽兴。讨论结束后，他们才发现天色已晚，涓蜀梁决定独自一人赶路，连夜返回家中。刚开始时，他的目光紧视前方，走得还算顺利。快到自己居住的村口时，他松了口气，心想终于安全到达了，便放缓脚步向家走去。就在此时，他眼角的余光突然捕捉到一个黑影，正紧紧跟随着自己。

涓蜀梁心中一阵惊慌，顿时脊背发凉，脚步不由得加快，生怕再多一刻，就会遭遇什么可怕的事情。他越想越害怕，步伐迈得越来越快，再不敢回头多看一眼。渐渐地，他开始由走到快走，最后竟加速狂奔起来。在奔跑过程中，他甚至能感觉到小鬼趴在自己背上呼哧呼哧喘气的声音。他忍不住一边大叫，一边双手胡乱拍打着跑回家中。

他的惊叫声传到家里，父母听到后急忙从屋里跑出来，焦急地问道："发生了什么事?"涓蜀梁上气不接下气地说："有鬼，鬼缠上我了!"父母互相对视，满脸疑惑，急忙问："在哪里?"涓蜀梁指着自己的背后，声音颤抖着说："就在我身后，一直跟着我，我走它就走，我跑它也跑。要不是我跑得快，可能就没命了。"

父母听完后，望向他的背后，既无奈又好笑。母亲指着地面，说道："你现在再看看，到底是鬼，还是你自己的影子?"涓蜀梁愣住了，慢慢转过头。只见那"鬼"此刻正和自己一样站立不动，而在父母身后也多了两个"鬼"。

涓蜀梁因为自己天马行空的想象，总是特别害怕在黑暗中独处。只要夜晚来临，他就会无限放大自己的恐惧，从而营造出一种恐怖的氛围，进一步增加了自己对于黑夜的恐惧。

心理学家曾经给"真正的恐惧"下过一个定义，他们认为："真正的恐惧并不是眼前的血腥场面，而是你内心深处调动想象力，把自己吓得不轻。事实上，现实中我们所担心的事情，往往只有 4% ~ 6% 的概率会发生。"这就像我们常常听到的一句话："一辈子怕鬼的人，一辈子也没见到鬼。"这告诉我们，世界上并没有什么值得真正恐惧的事，恐惧的情绪更像是我们为自己设下的无形障碍。要想打破自己内心的恐惧，克服那些自己臆想出来的情景，需要做到以下几点。

1.勇敢面对，坦然接受

恐惧通常是人们对未知事物的一种自然反应，因为不了解，容易通过想象把问题放大，进而产生更多的不安。因此，必须鼓起勇气，正视自己所面对的每一件事，并以平常心去看待，并且主动去了解和学习。了解得越多，才会发现自己曾经的恐惧有多么可笑。比如，有些人在体检时被告知血糖稍高，就会惶恐不安，认为自己得了糖尿病。如果他稍微了解一下，就会发现，血糖偏高并不意味着患有糖尿病，两者之间并无必然联系。

2.让自己变得强大

每当我们出现恐惧时，除了情绪上的害怕和紧张外，感受到的更多的是无力感。在这个世界上，强大的人往往比脆弱的人更有安全感，当恐惧来临时，强大的人常常更有底气和更加勇敢一些。比如，富裕的人通常不会担心生病住院时资金不足的问题；身体强壮的人不会恐惧黑夜中坏人的偷袭；等等。作为普通人，我们必须让自己的心灵变得强大起来，同时不断提升自己的能力，只有这样，才能有效减少自己的恐惧来源，进而培养自信心，最终克服心中臆造的恐惧情绪。

3.设想最坏的结果，做好心理准备

许多人在面临考试时，往往会感到害怕，担心自己考不出好成绩。其实，这种恐惧情绪并不会帮助我们改善局面，反而会影响到我们的发挥。当恐惧来临时，不妨先设想一下最坏的结果，了解自己能承受的最大范围，想清楚最差劲的情况会怎么样，想必这种恐惧的心理就会有些减缓，也就变得没有那么恐惧了。毕竟，最坏的情况已经被我们考虑过，并且能够接受，还有什么值得可怕的呢？

4.培养兴趣爱好，让自己没时间胡思乱想

经常被自己的想象吓到的人，往往性格比较内向。对于内向的人来说，由于不善于表达，往往拥有异常活跃的想象力，同时因为缺乏与外界互动，他们更容易沉浸在自己的小世界中，逐渐放大那些虚构的恐惧。对于这种性格的人来说，培养一些兴趣爱好，让自己忙碌起来，生活变得充实起来，就没有那么多时间去胡思乱想。当他们的性格逐渐变得活泼开朗，与他人的交流增多时，自然也就没时间去臆想那些令人恐惧的事情了。

当面临困境时，对自己说声“不要紧”

要想增强面对困难的能力，关键是告诉自己“不要紧”。遭遇挑战时说声“不要紧”，能振奋起精神，勇敢迎接生活的考验；面对失败时，再说一次“不要紧”，这将赋予你面对一切的力量，助你再攀高峰。

伊莎贝尔是一名哈佛商学院的学生，她在一位资深教授的讲座中听到一句富有启发性的话：“我想分享一句简短的话给大家，它将对你们的学习和日常生活产生积极影响，能够帮助你们始终保持冷静与平和，那就是‘不要紧’。”

伊莎贝尔理解了这句话的深意，在笔记本上认真记下“不要紧”并将其作为自己的座右铭。同时，她还下定决心，不让任何挫败或沮丧影响内心的平静。

后来，她爱上了英俊潇洒的凯文。一天夜晚，凯文向伊莎贝尔坦白，他只将她视为普通朋友。听到这些，伊莎贝尔以他为中心构想的世界破碎了。那个夜晚，伊莎贝尔在卧室里痛哭，记事簿上的“不要紧”似乎变得可笑极了。她低声说：“我爱他，失去他我无法想象。”

随着新的一天到来，伊莎贝尔醒来后重新审视那三个字，开始反思自己的处境：这段感情真的有那么重要吗？凯文是个好人，可他并不爱我，我真的愿意和一个不爱我的人共度一生吗？时间一天天过去，伊莎贝尔逐渐发现，即使没有凯文，自己也能好好生活。她意识到自己仍然可以快乐，并相信未来一定会有别的人走进她的生活，即便没有，她也能保持快乐。

几年后，伊莎贝尔遇到一个更适合她的人，并与对方结婚成家。她觉得未来将永远幸福，生活中不再有挫折和失望。

一天，伊莎贝尔的丈夫接到一个坏消息。原来，他们投资的生意全部亏损了，多年的积蓄荡然无存。

当丈夫将不幸的消息告诉伊莎贝尔时，她看到他一副失魂落魄的模样。伊莎贝尔再次想到“不要紧”那三个字，但这次问题确实很大。

就在此时，她年幼的儿子敲打着积木的声音吸引了她的注意。当儿子看到母亲望向他时，停止了动作，向她展现一个微笑，这让伊莎贝尔感到一丝安慰。于是，她对丈夫说："一切都会变好的，我们失去的只是金钱，真的'不要紧'。"

在日常生活中，不可预见的事情经常发生，这些事情会给我们带来一些负担。有些人会因为这些负担而沮丧，有时甚至失去继续前进的动力。实际上，许多问题并没有我们想象中的那么糟糕。当面对生活的风风雨雨时，如果能够告诉自己"不要紧"，并始终保持乐观的态度，那么这些挑战最终都是可以克服的。

假设一个人在46岁时遭遇一场事故，身体严重受损。四年后，又在一次坠机事故后腰部以下失去知觉。面对这样的挑战，他会如何应对呢？你能否想象这个人克服重重困难，成为一位拥有巨额财富的人、备受欢迎的演讲家、幸福的伴侣和出色的商业领袖？你能想象他去泛舟、跳伞，甚至在政界竞争中争取一席之地吗？

米切尔全做到了，甚至超越预期。他曾是一个非常不幸的人，一次意外事故导致身体超过65%的皮肤受损，接受多达16次手术。手术之后，仍然无法进行一些基本动作，如使用餐具、拨打电话，也无法一个人上厕所，但这位前海军陆战队员从未放弃。他坚信："我完全可以掌握自己的人生之船，我可以选择把目前的状况看成一个新的起点。"经过六个月的努力，他又能开飞机了。

米切尔在科罗拉多州购置了一栋风格独特的维多利亚式住宅，并投资房产、酒吧，还购买了一架飞机。他还与两位伙伴共同创办一家公司，该公司专门生产木材燃料炉，后来成为佛蒙特州规模较大的私营企业之一。意外事故发生四年后，米切尔在飞机起飞时摔回到跑道，12块脊椎骨全被压碎，腰部以下永远瘫痪。"我不解的是为何这些事老是发生在我身上，我到底是造了什么孽？要遭到这样的报应？"米切尔说。

即便遭遇重重困难，米切尔依然坚持不懈，努力追求自主独立的生活。他被选为科罗拉多州一个小镇的镇长，致力于保护小镇的自然环境，防止因采矿活动而受到破坏。后来，米切尔甚至参与国会议员的竞选，他将自己的外貌转变为一种优势，用“我不只是一张脸”这样的口号赢得人们的支持。

尽管身体伤残、行动受限，米切尔仍旧找到了爱情。此外，他还获得公共管理硕士学位，并持续进行飞行、环保活动和公众演讲。

米切尔曾说：“在我失去行动能力之前，能做的事情有一万种，现在只剩下 9000 种，我可以把注意力放在我无法再做好的 1000 种事上，或者继续做好那 9000 种我仍能做的事情。我想对大家说，我在人生中经历了两次巨大的打击，如果我能选择不把挫折拿来当成放弃努力的借口，那么你们也可以从新的视角去看待那些阻碍你们前进的事情。退一步，换个思考方式，你可能会发现：‘这些也许并没有那么糟糕。’”

在人生旅途中，难免会遇到不顺心的事情。很少有人能够一帆风顺，大多数人都会经历起伏和困难。成功往往是建立在无数失败之上。在追求成功的道路上，正确地面对失败至关重要。保持乐观和不断自我提升是战胜自卑、建立自信的关键。但失败对人毕竟是一种“负面刺激”，总会使人产生不愉快、沮丧、自卑之感。

面对挫折和失败，保持乐观和积极的态度才是正确做法。首先，通过自我心理调节提高承受能力；其次，冷静思考失败的原因并改进策略；再次，用“局部成功”来激励自己；最后，要做到持之以恒，不因一时的挫折而放弃最终的目标。

治愈社交恐惧，必须战胜自卑心理

社交恐惧是指个体在公共环境中产生的强烈焦虑情绪。受此恐惧心理影响的人，常常担忧自己的言行会导致尴尬，害怕成为别人的笑料。有些人甚至对聚会或人多的场合感到不适，表现出脸红、出汗、反应慢、动作不灵活，以及不自然的表情。这些人往往会尽量避免与他人接触，特别是回避交流，刻意远离那些会引起焦虑的社交环境，有时甚至完全退出社交活动，长期隐居，过着独立于世的生活。

米兰在人际交流方面非常不自信。社交活动中，不敢直视他人，也不愿意分享个人感受，总是尽量避免与人接触。即便中午进入员工餐厅，也总是感到莫名的紧张。每当坐下后只是默默地吃饭，从不主动与同事交流。如果有人想与她交谈，她只是简短回答，丝毫显示不出同事之间的热情与关心。因此，同事们渐渐不再打扰她，她也变得更加孤僻。由于在公司里不受欢迎，再加上公司效益下滑，她进入裁员的名单，被扫地出门。

失去工作后，米兰更加苦闷，连个诉苦的朋友都没有，除了一个人喝闷酒，找不到其他排解情绪的方式。她也痛恨自己的胆怯，用冷淡来隐藏内心的紧张，用拒绝来维护自尊，用孤独来抵御社交的压力。看着他人谈笑风生、高朋满座，又有体面的好工作，她既羡慕又惭愧。对比无能的自己，无异于一个灰头土脸的失败者，她对自己的鄙视日益加深，对外界的刺激越来越敏锐，后来发展到只要出现在公共场所，额头就会不停地冒汗，只要有人与她讲话，就会紧张得身体颤抖。她还经常答非所问，引来无数惊异的目光。为了避免招致更多的质疑和嘲笑，她索性把自己关在家里，过起囚徒一般的生活，并拒绝任何人前来拜访。

心理学家认为，社交恐惧的根源在于个人的自卑感。这种恐惧看起来像是对外部世界的强烈抗拒，实际上是个体对自己的否定。米兰对他人的回避，实质上就是自卑的表现。

自卑是一种自我贬低、认为自己不如他人的心理行为。有些人容易产生自卑感，甚至看不起自己，只看到自己的短处而忽视长处，缺乏必要的自信，无法发挥自己的优点和特长。自卑的人行事缺乏勇气，习惯随波逐流，没有自己的见解。此外，人在缺乏自信时，会觉得所有的事物都对自己构成威胁。长此以往，就会越来越封闭自我，并逐步削弱胆识、决断力和魄力。

那么，如何建立自信，彻底赶走自卑，从社交恐惧的阴影里走出来呢？

1.昂首挺胸，快步行走

心理学家认为，人们的行走方式和步速与其心理状态有一定的联系。那些受到挫折的人，步态往往显得软绵无力，明显是缺乏自信。通过改变行走的姿态和速度，有助于调整心态。因此，加快步速，让步伐变得轻盈，保持昂首挺胸的姿态，能使心情变得愉快，起到驱散自卑、培养自信的作用。

2.正视别人

眼睛是心灵的窗口，一个人的眼神可以反映出他的性格，并传达出细微的信息。不敢直视他人，意味着自卑、怯懦、害怕；躲避他人的目光，反映出内心的阴暗和不坦诚。因此，直视他人是积极心态的体现，是自信的标志，也是个人魅力的展现。

3.发现自己的优点

许多人都有嫉妒心理，觉得别人的总是比自己的好，仿佛同样的食物放在别人的碗里就比自己的更香。这种心态最要不得。每个人都是独一无二的，都是这个世界上最特别的个体，我们有自己的魅力和优点，就像我们羡慕的人也有他们的不足一样。因此，要多赞扬自己。每天出门前，最好能站在镜子前，大声地告诉自己："看，镜子里的这个人多么出色！他善良、对人真诚，值得拥有一切，包括朋友。"接下来的一天里，不断提醒自己"我很出色""我值得成为他人的朋友”，并积极地与他人交流，试着对每个人保持微笑。这样，你向大家传递的就是积极的交往信号，自然会得到对方的积极回应。

4.当众发言，提升自我

在我们周围有许多思维敏捷、才华横溢的人无法在交流中展现他们的优势。这并不是他们不愿意参与，而是缺乏自信。无论参加何种类型的会议，每次都要主动发言。通过这种练习，许多原本沉默或口吃的人，都变得更加自信，如萧伯纳、田中角荣、德摩斯梯尼等人。因此，当众发言是增强自信的“良药”。

5.拒绝自恋

在人际交往中，学会“肯定自我”和“提升自我”之后，还要避免自恋。那么如何克服自恋心态呢？自恋是对自我认知的偏差，有自恋心态的人应该重新认识自己，懂得自己的优点，也要看清自己的不足。同时，要摆脱自恋，就需要走出以自我为中心的生活观，尝试去欣赏他人，去付出，去帮助他人，并逐渐在给予爱和收获爱的过程中享受与人交往带来的温暖与乐趣。只要敞开心扉，让他人走进你的生活，相信你最终会走出自恋的误区。

每个人都有缺点，也都有闪光的一面。应该多欣赏自己闪光的一面，努力成为一个阳光、积极、正直的人，这样才能克服社交恐惧，在社交中游刃有余。

面对幽闭恐惧，需要找回安全感

刘彬在一家跨国广告公司任职，因工作能力突出，被提拔到中国区总部担任策划主管，是很多人心目中的成功人士。但他有一个难言之隐，每天上下班乘坐电梯对他来说就是一种巨大的折磨。

公司位于市中心的一栋高端写字楼的38楼，每天上下班时，几乎每层都要停下。如此一来，刘彬每次就得在电梯里待上几分钟。短短的几分钟，对他而言，简直是度秒如年，他在拥挤狭小的空间里，胸闷气短，手心和额头不由自主地冒出冷汗，整个人紧绷得像一根拉满的弦。

为了避开这种煎熬，刘彬开始提前半小时来到公司楼下，不再乘坐电梯，改为爬楼梯。他一边一层一层地向上走一边安慰自己："权当是锻炼身体了。"起初，他觉得这种办法还不错，不过问题很快就出现了，做广告策划需要频繁外出与客户见面沟通，而步行上下楼梯消耗大量的时间，严重影响工作效率。不得已，他只好乘坐电梯，继续一次次承受心理上的煎熬。

刘彬的情况并不是个案，而张薇的恐惧并非来自电梯，而是大多数人日常生活中常用的交通工具。对于张薇来说，乘坐挤满人的公交车或者狭小的轿车简直是一场折磨。为了避免这种煎熬，她选择每天骑电瓶车出行。自从她有了孩子后，新的麻烦接踵而至。生活中，带孩子出门是常有的事，一旦遇到刮风下雨或天气炎热，孩子则不适合乘坐电瓶车。不得已，接送孩子这件事情只能交给丈夫，丈夫是一家大型公司的部门经理，每天加班是常事，没办法每天准时接送孩子上下学，弄得孩子也是饱一餐饿一顿的。时间久了，两人因为接送孩子这个问题开始出现矛盾，双方的父母也都不在了，没人能帮到他俩。张薇很苦恼，为什么自己不能克服对交通工具的恐惧呢?

刘彬和张薇的情况，其实在心理学上有一个专业名称——幽闭恐惧。这是一种对封闭空间产生强烈恐惧的心理障碍，比如在电梯、飞机、车厢等处都会出现这种情况。对于患有幽闭恐惧症的人来说，虽然他们明知道自己的这种恐惧是不合理的、没有必要的，但却无法控制自己，内心非常痛苦，从而影响正常的生活和工作。

有心理学家指出，从进化的角度来看，恐惧在某些情况下是一种积极的情绪反应。它帮助人类在面对危险时提高警觉，从而避免可能的伤害。然而，当恐惧失去控制，或者对某些事物的危险被过度放大时，就会严重干扰正常的生活和工作。

轻度幽闭恐惧症的形成，往往与个人安全感的缺失和长期压抑的生活状态密切相关。当一个人承受过多心理压力，又缺乏有效的调节方式时，就容易因外部环境的刺激而引发强烈的情绪反应。比如，空间逼仄、视野受限会让人感到不安甚至愤怒，而这些不良情绪一旦被激活，就会产生强烈的情绪反应。比如，小孙是一名电话销售员，每天都需要在狭窄、拥挤的办公工位上完成高强度的工作，同时还要面对销售业绩的巨大压力。在这个岗位上工作一两年后，小孙发现自己只要身处幽闭的空间，就会感到紧张甚至恐慌，他的情绪也变得越发敏感，稍有不顺便会发怒。

那么，如何才能找回缺失的安全感呢？如何才能走出幽闭恐惧的阴影呢？如何才能克服幽闭恐惧呢？对此，有专家提出以下几点建议。

1.多进行一些放松训练

例如，通过调整呼吸节奏，逐步让身体的局部肌肉进入放松状态。当肌肉逐渐放松后，我们便可以通过自我调节肌肉的紧张程度，有效地缓解可能产生的空间恐惧感。

2.走进大自然

如今，许多人习惯在休息时待在家中，看电视、玩手机、玩游戏，或者在商场和超市里打发无聊的时光。对此，专家建议，在周末或节假日时，应尽量远离城市的喧嚣，去大自然中放松自己。可以选择去郊外或小镇住几天，既能舒缓紧张情绪，又能给心灵放个假。

3.加强体育锻炼

对于许多患有幽闭恐惧症的人来说，由于长期处于狭小空间里，生活往往变得单调沉闷，情绪也随之受到影响，身体健康也可能因此受到损害。对此，专家建议，应通过增加体育锻炼来调整自己的生活节奏，以加速血液循环，从而有效地缓解紧张不安等情绪。

4.药物治疗

那些患有较为严重的幽闭恐惧症的患者，需要在医生的建议下进行药物治疗，以此缓解焦虑、紧张不安等情绪，从而减轻恐惧感。

第八章

正视完美：卸去包裹在心灵表面的漂亮伪装

在所谓完美的掩盖下，我们错过了很多真实的生活，原本早就可以得到的快乐，迟迟没有体会到。接纳自己的不完美，才能以全新的视角遇见生活中的快乐与美好，人生才不会因伪装而浪费美好时光。

醉心于完美，无法感受到生命的可贵

我们每个人都无法选择自己的父母、外貌、家庭环境和成长环境，这些事实往往成为许多人成年后遇到的第一个困扰。他们会不断地抱怨："我的家庭太贫穷了！父母没有能力，也没社会地位，其他人可以依靠家庭找到一份体面的工作，我的父母却无法提供任何帮助……这真是令人尴尬！"第二个困扰源于他们总是抱怨自己的缺点太多："为什么我个子这么矮？我的皮肤很黑，身材也不好！"他们总是觉得自己不够完美，认为自己的外貌难以适应这个社会。

其实，无论出身如何、家境如何、外貌如何，这些都不应该是追求幸福的障碍。重要的是要清醒地认识到这些事实，乐观地接受生活赋予的一切，包括自己的不足。即使父母是普通农民，也不意味着子女不能获得高等教育；即使父母一生辛苦，也不代表子女不能成为专业人士或高级管理人员。只要懂得珍惜自己所拥有的，生活就能充满色彩，幸福自然会在不经意间降临。

春曼和心曼是一对在黑龙江农村出生的姐妹，与所有的女孩子一样，她们爱漂亮，也有自己的梦想。不过，这对姐妹都是残疾人，无法行走，每天只能坐在轮椅上。医生还告诉姐妹俩，她们只能活到 30 岁。

这对姐妹没有体验过校园生活，但她们学会了识字，后来还经营一个书报摊。随后，两姐妹开设春曼心曼生命关怀热线，并出版了她们的第一本书《生命从明天开始》。当收到稿费后，她们做的第一件事就是帮助家里偿还债务。之后，两姐妹的第二本书《假如我可以站起来吻你》也出版了。她们从无用的残疾人变成小有名气的公众人物。

两个残疾姐妹都能够享受生活的美好，健康的人又有什么理由自卑呢？不必过于关注别人拥有而自己没有的东西，有失必有得，生活就是这样。如果春曼和心曼没有身体上的不完整，也许她们就不会如此深刻地理解到生命的珍贵，也不会感受到幸福的生活。

每个人一生的机会和所拥有的都是不同的，不应该只关注或过分重视没有得到的，而忽视了已经拥有的。生活中有很多美好事物，但并不是所有事物我们都能拥有。闲暇时有闲暇时的满足，也有闲暇时的孤独；忙碌时有忙碌时的困扰，也有忙碌时的快乐。富人有富人的洒脱，也有他们的忧虑和脆弱；贫穷的人有贫穷的艰难，也有他们的坦然和笑容。还记得玛格丽特·米切尔的小说《飘》中的主角郝思嘉吗？她固执、虚荣、聪明、狡黠，但她是如此的真实，她的缺点和美丽融为一体，简直无人能比。

完美是单调的，意味着已经失去任何可能性和扩展性。只要有勇气面对不完美，调动自己的各种优势来协调和弥补这些缺陷，同样可以创造出精彩的人生。

20 世纪 70—80 年代，在美国心理治疗领域，医生们发现一类特殊的求助者，他们是成功的商人、艺术家、医生、律师和社会活动家等。尽管这些人在各自的领域里成就非凡，但成功并未给他们带来幸福生活。

心理治疗师们发现，这些寻求帮助的人有一些共同的特点：成功既不能带来满足感，也不能给他们带来一个完整、独立的自我感受。他们寻求心理治疗是希望自己的生活有意义，并能克服内心的空虚感。

心理治疗师们还发现这些人的自我认知处于分裂的状态：一方面，他们在取得成功后，体验到成功的喜悦；另一方面，在他们的内心深处，隐藏着自我贬低和无价值感。正是这种自我认知的分裂导致他们将完美主义作为自我保护的盾牌。他们抱怨所有的成功都不能带来快乐，感到没有人能理解自己，他们也无法理解自己。

那些人具有完美主义倾向，往往与童年时期的家庭环境和教育方式有很大关系。他们的父母从小就对他们要求过高，设定的标准过于完美，总是批评他们而不是鼓励和赞美。经过一段时间，这些孩子也就习惯了总是找自己的错误，认为自己不值得被赞扬和尊重，习惯了自我批评和自责，甚至产生一种自我惩罚的快感。

要改变这种可怕的习惯并非没有方法，当事人必须重新设定评价自己的标准，改变原来那种完美的、严苛的、倾向于全面否定的标准，建立一种合理的、宽容的、注重自我肯定和鼓励的标准，平时多赞美自己，把过去的成功经历写在纸上，坦然接受别人的赞美并表示感谢。

有人询问一位国际知名的女演员是否认为自己的外貌很完美，她回答说："不，我并不认为我长得完美。我认为正是因为我外貌上的一些瑕疵，才让观众更能接纳我。"能够认识到自己的不足并能接纳它的人，可以说是自信的，也是心态健康的。生活不是一盘棋，走错一步就会导致接下来的每一步都错；生活就像踢足球，即使是最伟大的球员也会在比赛中出错，只要努力发挥出最好的水平就好，不强求每一次传球都精准和每一次射门都能得分。

那些沉迷于追求完美的人，并不是真正的完美。完美只是一个抽象的概念，而真实的生活才是具体的。生活中的完美并不是通过追求就能实现的，相反，生活中有许多遗憾都无法避免。如果能在心理上接受并超越这些遗憾，就会变得更加坚定，也会找到生活的乐趣。

因此，不应该天真地认为只要付出努力，就一定能达到完美的状态。因为"最完美的产品只存在于广告中，而最完美的人只存在于悼词中"。完美永远是我们所追求但无法达到的，当不再过分关注自己是否完美时，或许有一天你会惊讶地发现，曾经追求的完美，现在已经变得不再重要。

完美主义，不过是一个漂亮的陷阱

完美主义者对自己和他人都有着极高的期望。在他们眼中，所有事情都应该做到最好，没有任何瑕疵。这样的期望在现实中很难达到，因为现实总是充满着各种各样的困难和挑战。我们应该明白，所有事情在想象中都会一帆风顺，可以轻易达成，可以做得完美无缺，但想象毕竟是想象，与实践中能够达到的标准之间还有一段距离。

有位汽车制造公司的销售经理，工作表现很出色，可他并不满足，认为还有很大的提升空间，希望所有事情都必须做到完美。尽管销售业绩还算不错，但与他的高标准相比还有一些差距，最终他因无法忍受这种不完美而选择了自杀。另一位软件设计工程师，在编写程序时，要求自己像写诗一样让每个字节的长度都一样，以此来达到美感和节奏感，结果他日夜思考，最后却仍然无法解决这个问题。还有一些家长要求自己的孩子把所有的时间都用在学习上，不能玩耍。他们总是在督促孩子学习，结果孩子非常反感，产生逆反心理，开始厌恶学习，最后导致学习成绩下滑。

这些故事提醒我们，应该摆脱完美主义的束缚，设定更实际、更灵活的工作和生活目标，并且一定要做好面对失败的心理准备。

完美主义者不仅对自己有极高的要求，而且对他人也非常严格，不愿接受自己或他人的缺点和不足，对任何事情都非常挑剔。在生活中，我们会发现一些人几乎没有什么朋友，找不到伴侣，不喜欢与人交往，经常更换工作单位，这究竟是为什么呢？

因为追求完美的人往往会用自己的标准来评判他人，对任何人都挑剔，甚至会因别人的一些小缺点，而忽视对方的主要优势。有些人不允许自己在公共场合发言时有一丝紧张，一旦在公共场合发言就会极力控制自己的紧张情绪，结果适得其反。实际上，每个人都有自己的缺点，都会有紧张、不适的感觉，这是正常的，要学会接受它们。

完美是每个人都渴望的理想状态，是一种心理特质，也是一种本能。不过，任何事情都有一个度，就像水在100摄氏度时会沸腾，在0摄氏度时会结冰一样，追求完美如果超过一定的程度，就会变成束缚，阻碍个人发展和进步。无论何时何地，都不能勉强自己去做不可能的事情。要是没有达到想象中的完美就誓不罢休，那就是在和自己作对，长此以往，心里会产生无法解开的结，而且这个结会越来越紧。我们常说的心理疾病，就不知不觉中产生了。

在许多传说或童话故事中，仙女总是被描绘得非常美丽，许多人在心中都将仙女视为完美的象征。不过，仙女的美丽没有人真正见过，成为仙女却成了人们对完美的追求。

贝丝是一位芭蕾舞演员，拥有超凡的舞蹈才华。在她13岁时，老师告诉她，只要能专注于舞蹈，将来一定能成为世界上最杰出的芭蕾舞演员。然而，贝丝对容貌的要求远远高于对舞蹈的要求。

贝丝的老师说，一个芭蕾舞者的灵魂就是迷人的舞姿。贝丝却认为，一个杰出的芭蕾舞蹈演员，不仅舞姿要出类拔萃，外貌也要非常吸引人。为此，每次上台表演时，贝丝在化妆上花的时间通常是其他演员的两倍。

贝丝经常会问自己的舞伴："你觉得我够美了吗？"

舞伴点头回答："是的，贝丝，你美得就像仙女一样。"

贝丝非常喜欢这样的赞美，原因是她从小就梦想成为像仙女一样漂亮的人。她并不清楚仙女到底有多美，但给自己设定的标准是，要让每一位看到自己的人，都认为她是完美的。

将美丽进行到底是贝丝的生存理念。即使是在家里休息时，她也会穿上漂亮的衣服、精致的鞋子，化上精美的妆容。为了保持苗条身材，她从不触碰含有淀粉的食物，通常是在饿得头晕目眩时才吃一些水果。长期节食，亲友担心她的身体出现问题，纷纷劝她正常饮食，贝丝却振振有词说："多吃食物会让我身材走形，我要让自己看起来像仙女一样轻盈飘逸。”

然而，人总会老去。随着年龄增长，贝丝的皮肤开始逐渐松弛，脸上也开始出现皱纹。她无法接受年龄带给自己的这些变化，经常对着镜子发出声嘶力竭的尖叫，然后疯狂地寻找各种保持美丽的方法。为此，她放弃了舞蹈。

年龄是无法掩饰的。无论贝丝如何遮掩岁月赠予她的“礼物”，她都无法拒绝。尽管如此，她并没有放弃对完美的追求，不断地进行各种美容整形手术，这些手术带来的后果很快就显现在贝丝的脸上，她的脸逐渐变得扭曲。

一天早晨，贝丝醒来后，走到镜子前，看到镜子里陌生而古怪的面孔，一时无法承受这样的冲击，她选择了自杀。她在遗书中写道：“我想保持完美的面容，结果却适得其反。我选择成为像仙女一样完美的人，这难道是错的吗?”

的确，贝丝选择让自己变得更美丽并没有错，但追求美丽也应该有一个度。如果过分追求完美，甚至到了疯狂的地步，只会把自己推向深渊。

追求完美并非事事完美

可能我们每个人在面临困难时，都曾想过“如果当时我做了……现在就不会是这个样子”，但是生活没有重来的机会，每个人在自己的舞台上都是实时直播，而不是录播。完美，对很多人来说，都是个奢望。如果一个人做任何事情都是完美的，这样的人可能不会有朋友，因为他太出色，给人一种难以接近的感觉；同时他也是孤独的，因为没有人能理解他。

阿拉斯戴尔·克莱尔就读于牛津大学，在这样的一流学府中，他的表现仍然出类拔萃。毕业后，他先后出版多部小说和诗集，成为公众眼中的优秀作家。他还发行过两张唱片，并且担任过一部电视剧的导演和制片人。可以说，他获得很多奖项。

让人难以置信的是，这样一位优秀的人在四十多岁时竟然选择了自杀，就是为了一个奖项，这个奖项远不如他获得的其他奖项有分量，但他极其渴望得到。然而，组委会迟迟没告诉他获奖的消息。为此，他产生挫败感，认为自己的能力严重下滑，没有达到自己所想象的完美状态，于是悲剧便发生了。

就在他刚为自己的生命画上句号时，获奖的消息传来了。针对他的死，他的妻子说：“他是被自己设定的更大、更远、更高的目标所害。他在追求完美的路上，为了完美而活着。完美是他生活的全部，当他认为自己表现得不够好，没能获得这个奖项，他的完美世界崩塌了。”

要是克莱尔知道自己即将获得梦寐以求的奖项，就不会选择自杀。他就是典型的完美主义者，这种人看不到自己的优点，目光始终停留在自己的不足之处上。在外人看来，他们已经非常成功，但他们心里只有一个念头：“我没有达到目标，只能说明我不行。”就这样，他们渐渐地给自己画地为牢，外面的人进不来，自己也出不去，如此必然会产生不好的结果。

一位勤劳的渔夫每天都出海捕鱼。一天，他意外捞起一个巨大的贝壳。他很好奇，用刀将其撬开，里面竟藏着一颗硕大的珍珠。珍珠的光泽令他惊叹，他想象着这颗珍珠在市场上能卖出高价。但是，当他仔细观察时，发现珍珠表面有一个微小的瑕疵。这个发现让渔夫陷入沉思。

他决定去除这个小小的瑕疵，以提高珍珠的价格。渔夫小心翼翼地刮去表面的黑点，珍珠似乎变小了。他继续刮，希望能彻底去除瑕疵。随着他一次次地刮，珍珠变得越来越小。当黑点被完全去除时，他手中的珍珠也已经不复存在。

珍珠上的小黑点让人觉得不完美，但正因为黑点的存在，才更加证明这颗珍珠的真实性，也是这颗珍珠与别的珍珠的不同之处。把它拿到市场上，可能卖不到理想中的高价，但它总归是颗珍珠，价值总是存在的，并不会因小黑点就不值钱了。正如李白在诗中写道："清水出芙蓉，天然去雕饰。"未经人工修饰的荷花展现出最为纯粹的美，这种自然之美令人赏心悦目。相比之下，摆放在花瓶中经过修剪的花朵也很美丽，但总缺少一些自然的生机和灵气，它虽美却不及自然生长的花朵引人入胜。

一位老和尚打算寻找一个合适的衣钵传人。深思熟虑后，他从众多弟子中挑选出两位，准备在这两人之间进行选择。

老和尚没有让他们说大道理或抄写经书，而是提出一个巧妙的问题。他对这两位徒弟说："你们出去找一片树叶，唯一的要求是，这片树叶是你们觉得最满意的。"

两位徒弟听后便出去寻找树叶。不久，其中一个徒弟回来，将手中的树叶递给老和尚，并说："这片树叶不完美，不过在我眼里它是最好的。"

另一个徒弟则花了很长时间才回来，却空着手。他告诉老和尚："外面有千千万万片树叶，我始终觉得它们都不够完美，都不能让我满意。"

最终，老和尚将衣钵传给那位带回树叶的弟子，因为他已经领悟到佛家的道理。

僧人一生要参透许多道理，其中之一就是：万事随缘，世上并不存在完美的人和事。这不仅适用于佛家，我们每个人也应该明白这个道理。

人们最初总是追求最美的那片叶子，当认为已经找到时，往往发现还有更美的树叶。于是，放下手中的叶子，去寻找更美的。如此循环往复，直到最后才意识到，曾经最美的那片叶子已经错过，后悔也来不及了。

不可否认，我们都渴望完美。不过，即使有缺憾，又有何妨呢？生活中可以追求完美，但不必过分苛求，否则完美就像千斤重担，于无形中把追求者压得喘不过气，甚至危及身体和生命。

无论多努力，都会存在不完美

美国作家库辛曾写过一篇名为《你不必完美》的文章，其中讲述了这样一个故事：

有位父亲在孩子们面前犯了错，担心会损害自己在孩子心中的形象，害怕失去孩子的爱。因此，他迟迟未能鼓起勇气承认错误。在这样的心理压力下，他艰难地度过每一天。最终他还是向孩子们道了歉并承认了自己的过失。出乎意料的是，孩子们对他的爱和尊重反而增加了。他由此领悟到：犯错是人之常情，而那些偶尔犯小错的人更显可爱，因为没有人期待你是圣人。

追求完美的人往往会压力巨大，尤其是在面对重要关系和复杂情况时，往往会焦虑不安。然而，接受自己的不完美，也是一种生活的艺术。只有勇于面对自己的不完美，调整自己的心态，接受生活的考验，才能活得自在和轻松。

一位雕塑家技艺高超，以至于每次完成作品后，旁观者都会难以辨认其真假。有一天，占星师告诉雕塑家他的死亡日期即将来临，这让雕塑家既悲伤又恐惧。经过深思熟虑后，他想出一个计划：制作 11 尊自己的雕像。当死神来临时，他躲进这些雕像中，屏住呼吸。死神对此场景非常迷惑，难以分辨眼前的真伪。

到底发生了什么？ 12 个完全相同的人？现在，应该选择哪一个呢？且只能选择一个……死神一时无法做出决定。带着疑惑，死神回去了，他问上帝：“你究竟做了什么？怎么会有 12 个完全相同的人，而我只能选择一个，这让我应该如何做出选择？”

上帝微笑着把死神叫到身边，在死神耳边轻声说了一个能够在仿制品中找出真人的方法。

死神问：“真的有效吗？”上帝说：“不用担心，你试一试就知道了。”

带着疑虑，死神走进房间，环顾四周，说：“先生，你的工作做得很好，但你忘记了一件事，所以 12 个雕像都有一个小小的缺陷。”

雕刻家完全忘记自己躲起来一事。他跳了出来问：“什么缺陷？”

死神笑着说：“抓住你了，这就是缺陷——你无法忘记你自己。即使是天堂，也没有完美的事物，更不用说人间了。跟我走吧！”

这个故事告诉我们，无论你多么努力，都会存在不完美。过度追求完美，不仅会浪费时间和生命，还会失去本来可以获得的东西。

每个人都在追求完美，无论是对他人、自己、环境、工作，甚至生活，但真的能找到完美的事物吗？答案是肯定不可能。这个世界对完美并没有一个标准的定义，你认为完美的事物，他人可能不认同；你认为不完美的，他人可能认为已经达到完美状态。

月有阴晴，潮有涨落。人生也是如此。在有限的生命中，没有完全无瑕的生命过程。每个人都会有缺点和不足。缺点本身并不是问题，也是正常的存在，问题在于对待缺点的态度，是更看重自己的优点还是缺点？

人在前进的道路上总会遭遇各种困难，也会有各种失败。有些人，面对自己的弱点和不足，努力改正，不断提升自己；有些人选择逃避和否认，从而使弱点进一步扩大，最终无法挽回。

实际上，面对缺点、瑕疵，不必过于紧张，与缺点、瑕疵共存是必须接受的。缺点、瑕疵并不总是坏事，事实上，人类的发明史中充满错误的假设和失败的案例。

哥伦布原以为找到了一条通往印度的海上通道，实际上开辟的是一条通往美洲大陆的航线；开普勒偶尔得到行星间引力的概念，但他这个正确的假设实际上是从错误中得出的；如果爱迪生没有尝试过上万种材料，又怎么能找到制造电灯丝的最佳材料呢？人类是在不断纠正错误、努力发现不完美的过程中才取得进步的。

一位老农场主将农场交给一个外号叫“错错”的工人来管理。农场里有位堆草高手，对“错错”非常不满，从未把“错错”当回事。堆草高手想，农场里哪个人能像我一样，一举杆子，草垛就能精准地落在预定的位置上。回想起“错错”刚来农场时，连杆子都拿不稳，把草弄得到处都是，有时甚至砸在自己的头上。等到“错错”学会堆草垛，又去学习割草，留下一片参差不齐的草地；其他人都在睡觉，而“错错”却在半夜去马房，观察一匹生病的马，说是要学习如何治疗马的疾病。为此，“错错”闹出不少笑话，不然他怎么会被称为“错错”呢？

老农场主了解到堆草高手的想法，邀请他到家中喝茶聊天。“你的小宝贝还好吗？平时都是他的妈妈在照顾吧？”堆草高手点了点头，看得出他很疼爱孩子。老农场主又问：“如果孩子的妈妈有事离开，孩子哭闹不止怎么办呢？”“当然得由我来照顾。孩子刚出生时确实让人手忙脚乱，但现在好多了。”堆草高手回答道。

老农场主叹了口气，说：“做父母真的不容易。随着孩子逐渐成长，你需要考虑的事情越来越多，无论你是否愿意，因为你是父亲。对我来说，这个农场就像我的孩子，早些年我也是一无所知，也经历了很多次的失败，就像‘错错’那样，经常被人嘲笑。”说到这里，堆草高手似乎理解了老农场主的意图，脸上露出羞愧的神情。

路旁的小草，不会引起人的注意，依然向世界默默展示自己的一抹淡绿。山谷里的百合，虽无人知晓，依然向大自然展现自己的美丽。深秋的菊花，虽已不再鲜艳，依然延续着自己的生命，散发着淡淡的香气。它们并不引人注目，但在努力地过好每一天，实现自己的生命价值，因此它们同样活得精彩。所以，接受自己的不完美，以坦然的心态面对生活中的每一天，才能让生活变得有滋有味。

懂得欣赏不完美的自己

人生中有许多不完美的地方，每个人都会有各种各样的缺陷。实际上，如果没有这些缺陷，我们就无法真正理解什么是完美。

有位心理学家在一张白纸上画一个黑点，然后问学生们看到了什么。学生们齐声回答：看到了黑点。于是，心理学家得出这样的结论：人们往往只会关注自己或他人的缺点，而忽视了本身所具有的优点。

一位三轮车师傅，年过半百，相貌堂堂，要是去演戏，应该是很多人的偶像。有人问他为什么愿意做这样的工作，他笑着从车上跳下来，夸张地走几步给大家看，原来他天生左腿长、右腿短。这让提问者很尴尬，他却很坦然，仍然笑着说，为了避免走路，开三轮车就是最好的掩饰，这也算是“英雄有用武之地”。他还自豪地告诉别人：“我的妻子很美，儿子也很帅！”

有位女士，热爱旅行，在旅途中拍摄许多照片，并将其编辑出版。她常常自嘲地说：“长得丑，一路很安全，要是一个美女独自旅行，那就很危险。我要感谢自己的丑！”

英国有位作家兼主持人名叫汤姆·撒克，在事业和爱情上都很成功，但他的身高只有1.3米。他风趣地说：“别看我身材矮小，我的弹跳力却非常好，生活中我只要跳起来，不会比任何人差，甚至比他们做得更好，所以我成功了，得到了想要的东西。”

追求完美的习惯使许多人在做事时过于小心翼翼，生怕犯错，基于此种心理，他们往往变得保守、胆怯。在现实生活中，有些人外表出众，举止优雅，与他们在一起时，会觉得无趣，甚至连聊天都提不起兴趣。这些人通常是从小就接受严格的规范教育，身上所有不规则的“枝叶”都被修剪掉了，这就导致他们失去了个性鲜明的风采和神韵，变得单调、乏味，没有生机和活力。客观地说，人的性格中确实存在着缺陷之美，那些性格上有缺陷并不完美的人反而更具有内在的吸引力，也更具有魅力。

有位女孩自幼就梦想成为歌唱家，上天偏偏给她开了个玩笑，没有给她一副天使般的容貌。她的嘴巴很大，龅牙外露。每次当众演唱时，她都想把上唇拉下来，遮住牙齿。

有一次，这个女孩在一家夜总会唱歌，一位听她唱歌的男士认为她很有才华，走到她面前，直率地对她说："我一直在看你的演唱，知道你想隐藏的是什么，你觉得牙齿长得不好看，但你却没有发现你唱歌的声音很动听。"

女孩非常尴尬，脸颊微红，这位男士并未顾及她的感受，继续说："长了龅牙就罪大恶极吗？你不需要总是去掩饰，大大方方地张开嘴，观众欣赏的是你的歌声，而不是你的牙齿，说不定你试图遮掩的牙齿可能会给你带来好运。"

她接受了这位热心男士的建议，不再为难自己，每次演唱，她的心中只想着观众。后来，她成为歌坛上一颗璀璨的明星。

在生活中，需要控制对自己的评判，直面自己所有的缺点和不足，坦然接受现实，不给自己施加压力，不自我审判，不自找烦恼，以一颗平和的心态看待自己，看待周围的环境，无须过分苛求，在轻松愉快中尽情享受属于自己的生活。

实际上，人本身是不完美的，我们所生活的世界也充满了缺憾。例如，有一种景色，你非常喜欢，正当你聚焦抓拍时它却突然消失了；有一种景色，你已经厌烦，它却始终伴随着你。世界很大，你想见的人却如同黄鹤一般难以寻觅；世界很小，你不想见的人却频繁出现在你的视线中；有一种感情，你深深地爱着他（她），爱到忘我，而他（她）却对你视如草芥。

每个人都有自己的缺点和不足，一定要相信，自己有许多独特的甚至超过别人的优点，要用自己独特的能力来装饰这个多彩的世界。也许在某些方面你确实不如他人，但你同样拥有别人无法比拟的专长，有些事情只有你能做到而别人做不到！

学会欣赏自己的不完美，并将它转化为前进的动力，这才是最重要的。将自己与别人比较毫无意义可言，因为你根本不知道别人在生活中的目标、动力以及独特的能力。我们常常认为才华就是音乐、艺术或智力等方面的天赋，但实际上每个人都有被人忽视的才华，如热情、毅力、幽默、善解人意等，它们都是可以帮助我们取得成功的强大工具。

看淡不完美

有人说鲜花凋零是一件令人伤感的事情，但不要忘了它曾努力盛开过，凋谢对于它而言便是心安与无悔。芸芸众生中，总能听到有人抱怨人生苦短，只要你以只增不减的激情去热爱生活，无论外界环境如何变换，生命便永远是晴天。生命中有太多的东西我们无法左右，至少我们可以左右对待生活的态度。当生活出现不完美，原本的美好破碎时，如果选择继续坚强地生活，做好自己该做的事，努力将最美的自己呈现出来，这样既不浪费生命，也不会让自己在现实生活中产生悲观情绪。这样一直坚持下去，才能在不完美的人生中感受到完美的存在。

英国女演员奥黛丽·赫本清瘦、手足细长，身材并不完美，而她的气质却让人觉得她就是一个非常完美的女人。这是因为，奥黛丽本人对于自己的外表并没有太多苛刻，就算成为世界著名影星，她仍然对自己的身体条件看得很淡。当影迷或媒体问她为什么不去改变，让自己的身材变得更加迷人时，她说："上帝在创造我们的时候，把优点赋予我们的同时也伴随着缺点，我们呱呱坠地，从呼吸到第一口空气开始时，就应该认清自己的优点，将优点发挥到极致，其他的就没有必要去理会。"

看到对赫本的这一番介绍，相信你已经恍然大悟！原来，真的没必要因为自己比别人矮而自卑；也没有必要为自己缺乏健美的身材而气愤不已；更不必因为自己某方面的缺陷而自怨自怜。"金无足赤，人无完人。"每个人都是不完美的，有缺点不可怕，可怕的是表现出一副灰心丧气的样子。

培训班上来了一位名叫艾丽的女士，在大家的眼里她是幸运的，因为她拥有许多令别人羡慕的条件——漂亮的外表、迷人的气质以及一份收入丰厚的稳定工作。大家都对这位美女充满好奇，不明白她为什么要来参加培训课。

当授课老师问她上课的原因时，艾丽非常苦恼地说："也许我在外人眼里是快乐的，可实际上我也有自己的痛苦。我有漂亮的外表，可头发却是黑色的。如果我有一头漂亮的金黄色头发，那么我将更加魅力四射，可惜的是我没有。还有比这让我更加苦恼的。我工作出色，但还是有很多遗憾，如果一些变故未曾发生的话，我想我现在应该已经做到经理的位置上了……我终日被这些遗憾困扰，没过上一天快乐的日子。难道就不能让我变得更完美一些吗?”

艾丽讲述了生活中那些令自己遗憾的地方。从艾丽的叙述中，授课老师判断出导致她忧虑的最根本原因是被完美主义综合征所困扰。

授课老师对艾丽说：“你为什么要如此折磨自己呢？生活中我们总会遇到很多不完美的事情，而且生活本来就是不完美的，不管你怎么努力都不能弥补这些缺憾。虽然我们不能保证完美，却可以选择转变不完美的心境，不让自己在不完美中哀叹。相信我，艾丽，这样做才能让你成为一个真正意义上幸福、快乐的女士。”

授课老师的一番话让艾丽受益匪浅，从第二天起艾丽就没有再来上课。后来，艾丽打电话给授课老师说：“谢谢您，您让我重新找回了快乐、幸福。如果没有您的一番话，现在的我依然沉浸在不完美的痛苦中。现在我终于明白了，追求完美其实就是在折磨自己。”

世界上没有完美的个人，谁说不完美就没吸引力？世界著名雕像《米洛斯的维纳斯》之所以美，不正是缺少了双臂，才产生震撼心灵的效果，受到人们的青睐吗?

瑞士洛桑曾举办过一次“最完美的女性”研讨会，公布的结果是：最完美的女性应该是，有意大利人的头发、埃及人的眼睛、希腊人的鼻子、美国人的牙齿、泰国人的颈项、澳大利亚人的胸脯、瑞士人的手、斯堪的纳维亚人的大腿、中国人的脚、奥地利人的声音、日本人的笑容、英国人的皮肤、法国人的曲线、西班牙人的步态……所有这些还是不够的。完美的女性还应有德国女人的管家本领、美国女人的时髦装束、法国女人精湛的厨艺、中国女人醉心的温柔……然而，即使上帝重新造人，也不可能集这些优点于一个人身上，因此与会者达成的共同结论是：真正完美的女人是根本不存在的。

既然如此，我们何必纠结于自己的不足和缺陷呢？适当允许一些不足的存在，给不完美的自己一点赞赏吧！相信这种发自内心的肯定性力量，会让你变得自信起来，生活也会变得更加美好。

生活不易，知足常乐才是真谛

有一个富人，凡事总追求最好的。有一天，他的喉咙发炎，这只是一个小问题，任何医生都可以治疗，但他追求完美，一定要找到最好的医生来治疗。

他花费大量的金钱，走遍各地寻找名医，每到一处，当地人都告诉他谁是有名的医生。可他认为其他地方一定有更好的医生，于是继续寻找。

直到有一天，他经过一个偏远的小村庄，扁桃体已经化脓，病情变得非常严重，必须立即手术，否则生命将会出现危险。不巧的是，那个地方没有医生，这位富人，竟然因一个小小的扁桃体发炎而丧命了。

人不应过度追求完美，否则一生都无法得到真正的快乐。相反，知足者常乐，与其追求不可能得到的完美，不如保持知足的心态。

孔子游览泰山时，遇到荣启期，他身穿粗糙的皮衣，腰系粗麻绳，一边弹着琴，一边唱着歌。孔子问他："先生为何如此快乐呢？"

荣启期回答说："我快乐的理由有很多。自然界孕育了万物，而人是最尊贵的；我能成为人，这就是我第一个快乐的理由。在人类中，男女有别，男性被尊重，女性被轻视，所以男性更为尊贵，我能成为男性，这就是我第二个快乐的理由。人从出生到死亡，有些人甚至没有见过太阳和月亮，没有离开过襁褓就夭折了，而我已经活了九十岁，这就是我第三个快乐的理由。贫穷是世人的常态，死亡是人的终点，我安心地接受这个常态，等待这个终点，还有什么好忧虑的呢？"

从荣启期的回答中可以看出，想获得快乐其实很简单，只要知足就不会忧愁。知足是快乐的根本，是生活的真谛，更是每一位想获得快乐的人的必然选择。

人的欲望无穷无尽，常言道："猛兽易伏，人心难降；沟壑易填，人心难满。"在实际生活中，"足"是相对的、暂时的，如果一个人以"不足"为生活的事实而予以理解和接纳，那么他对生活的感受反倒处处是“足”了。

知足就是一个人自觉协调内心无尽的欲望和现实有限条件之间的过程，它用什么来协调呢？用“知”来协调。这里需要说明，满不满足属于人的物质特性，知不知足属于人的认知特性。以人的认知特性来驾驭物质特性，就是知足；让物质特性来牵制人的认知特性，就是不知足。满不满足在于物质，非人力所能强求；知不知足在于我，非贫富所能决定。

一个人对所有事情都不知足，是一件非常简单的事，不需要主观上提升自己的认知，因为不知足正是人追求完美的一个特征，知足反而成了无奈的选择。当你生活在狭小的房间里，望着窗外一栋栋高楼的灯火闪烁时，因为羡慕和嫉妒而产生的不知足，无须任何努力便不招自至。要想摆脱这些负面情绪的困扰，夜晚知足地卧床酣睡，早晨知足地挤公交上班，却是非常不容易的。

农村人与城市人相比，农村人通常会非常知足。城市人西装革履，住在高楼大厦里，却总是有许多抱怨；农村人只要有简单的食物填饱肚子，有简陋的房子居住，就会心满意足。如果城市人因此看不起农村人，并自认为高人一等，那就真的有些狭隘了。这样的城市人反过来拿自己与各种条件更好的人相比，必然会产生自卑和不知足的烦恼。

与过度追求完美相比，知足更能获得幸福和快乐。追求生活的完美没有错，错的是盲目追求完美而无法自拔，这种过度追求完美是一种扭曲心理，是一种无法达到目标的无意义的追求，懂得知足常乐，才能在轻松愉快中享受生命进程中的种种美好。

别再犯傻，世上根本不存在完美

在日常生活和工作中，有一些人经常觉得自己的工作未达到理想的标准，对自己的要求极为严苛。这种过分的认真和约束，以及对自己的严格要求，使他们的生活格外辛苦。这些人通常会设定很高的个人标准，当工作没有达到完美状态时，就会出现焦虑，影响饮食和睡眠。这类人被称为完美主义者。我们要认识到，在这个世界上，没有任何人是完美无缺的，也没有任何事物是无懈可击的。换言之，人或事都存在或多或少的瑕疵。

通常，追求完美的人在开始新任务时充满激情，相信自己能够达到理想的目标。随着时间的推移，当他们发现没有找到完美的执行方案时，激情逐渐消退，就会用拖延来掩饰对不完美的恐惧。他们会找借口说："再等一等，可能会有更好的方法。"或者说："我的桌面太乱，需要先整理一下。"然而，工作中真的存在完美的情况吗？这种对完美的追求，难道不是一种欺骗自己的行为吗？

心理学家指出，出现拖延现象并非缺少动力或能力，而是由于完美主义倾向或完美主义心态，这使他们不愿意立即行动，最终导致拖延。

一家知名装饰公司最近迎来一位优秀的室内设计师——吴小姐，她毕业于国内某名牌大学，作品曾多次获奖。

为了庆祝吴小姐的加入，公司特意组织了一场欢迎会。在欢迎会上，公司领导鼓励员工以吴小姐为榜样。

出乎意料的是，吴小姐不到两个月就离职了，且并非自愿，而是被解雇。这引起一些同事的惊讶，他们不解地讨论道："这么有才华的人才怎么会被解雇呢？"有些员工开始担心这是裁员的前兆，认为吴小姐可能是老板雇来的临时演员，自己可能是下一个被裁员的对象。员工之间议论纷纷，只有公司领导清楚，吴小姐有严重的拖延问题。

从吴小姐入职第一个月开始，其他同事都完成六个项目，而她只交上三个。

每次催促她交作品，她总是回答："再给我一天时间，我还觉得有几个地方不满意。"或者说："我还没想好怎么收尾呢。"其他员工每月的工资是五千元，而吴小姐是特聘的，每月拿着高薪，却只完成三个作品。这样的代价实在太大。此外，吴小姐总是抱怨给她的时间太少，每次要求她提交作品时，她都因无法按时完成而变得狂躁。最终，张老板不得不解雇她。

故事中的吴小姐总是对作品不满意，拖延交稿日期，最终导致公司领导不满。在职场中，追求完美的人并不罕见。他们对自己的期望往往很高，非常在意他人的看法，担心工作做得不够好会遭到别人的负面评价。在工作执行过程中，他们反复寻找最佳的解决方案，从而浪费了时间，导致工作上的拖延。

对于完美主义者来说，无论是在工作还是生活和情感方面，都力求达到最高标准。

大伟是一位医生，已经35岁。他外表英俊、事业有成，与他年龄相仿的朋友们的孩子已经上学了，他仍然单身。他经历过无数次的相亲，身边的家人和朋友都为他着急，他可好，不仅不急，反而说："不着急，我相信会遇到合适的人的。"当问及为何未选择相亲中的任何一位时，他总有各种理由，例如："她戴眼镜，我担心这会影响到孩子。""她的身高不到165厘米，我觉得这会影响我的形象。""她购物时总喜欢买昂贵的商品，我不喜欢这种物质女性。"后来，连他最亲近的朋友也不再为他介绍对象，因为他实在是太过挑剔。

正如故事中的主人公一样，现实生活中也有许多人对择偶的标准过于严格。当周围的人纷纷步入婚姻的殿堂时，他们仍在婚姻之外徘徊，不确定该如何选择。这些追求完美的人，常常以"还没找到合适的人"来解释自己单身的原因。真正完美的伴侣存在吗？显然不存在。爱情可能在任何时候降临，关键是不要因为追求完美而错失机会。

追求完美是向前发展的动力，如果大家都安于现状，人类的进步就会停滞不前。追求完美本身并不是问题，在很多情况下对提升技能、知识和经验都是有益的。问题是应该理性看待完美。那么，对于过度追求完美的人来说，该如何去调整呢？

1. 不要苛求自己

不要总是问自己：这样做到位吗？别人会怎么看？过分在乎别人的看法就是对自己的苛求，会忽略自己的存在。

2.改变观念

世界上没有绝对完美的事情，保持平常心并知足常乐。尝试接受不完美，换一种新的思路。

3.寻找健康的发泄途径

当情绪低落时，选择健康的方式来释放压力，如唱歌、听音乐或运动都能帮助你恢复心情。

4.顺其自然

在面对问题时，学会接受那些无法控制的情况，接受自己的所作所为，不必过度纠结。

总之，生活本身就是不完美的，完美是一个理想化的概念，在现实中总会有不尽如人意的地方，这些才构成了丰富多彩的人生。追求完美的人往往忽视了这一点。世界上没有什么事物是完美的，既然完美无法实现，何不放下这种追求呢？

第九章

不要生气：愤怒是拿别人的错误惩罚自己

生气百害无一利，不仅损害身体，还是事业的拦路虎，阻止我们前进。静下心来认真想一想，很多生气的根源不过是日常生活中的一些鸡毛蒜皮的小事，如果将它们看得淡然一些，也就释怀了。

生气时做出的大多数行为都是错误的

霍华德是一家工厂的老板。一天，他在巡查时，看到一个人没有工作，而是在睡觉。霍华德能有今天的成绩，靠的就是勤奋努力，他平时最讨厌那些懒惰的员工。看到眼前的情景，霍华德自然是气得要发疯。他忍住心中的怒火，叫醒地上的人，问："你一个月的工资是多少？"对方迷迷糊糊地回答道："2000元。"霍华德听后，不再理睬面前的睡觉者，而是把仓库的主管叫来，怒气冲冲地说："带他去财务室，给他2000块钱，立刻让他滚出去。"主管见老板一脸的愤怒，没敢多说，就拉起那人，去了财务室。事后，老板问仓库主管："那人是谁带来的？"主管却说："他根本不是我们公司的员工，是其他公司派来送货的。"

毫无疑问，霍华德生气时，做了一件错误的事情。人在生气时往往会做出一些愚蠢的事情，它会直接导致更多损失。

某企业的一个部门负责人，睡过头可能会迟到，迟到意味着扣钱、受批评，为了赶时间，他接连闯红灯，在第三个红灯那里被警察拦住。警察扣了他的车，开了罚单，使本来可能只是迟到的事情变成了更重的惩罚。

交了罚款回到办公室后，他坐在那里回想早上的一幕，越想越气，恨不得自己当时和警察打一架。正当他怒气无处释放之时，秘书进来向他汇报工作，于是他对秘书一通臭骂。

秘书被骂得一愣一愣的，跑到前台那里质问前台小姐为什么不提前把这些材料放在她的办公桌上。前台小姐说她一直都是按照惯例做的，为什么这次要提前放材料。前台小姐一脸的委屈，而她看到公司雇来的保洁阿姨，就随意地指挥人家干活，并不断地抱怨保洁阿姨工作不认真，还说这样的态度，老板肯定会扣她的工资。

保洁阿姨一个月就挣那么点儿工资，一听要扣钱，着急了，一边干活一边埋怨公司的吝啬。保洁阿姨这股气一直带到家里，看着平时还算听话的儿子，这会儿不在学习，而在玩游戏，她想到自己辛辛苦苦在外赚钱就是为了儿子，儿子却如此不懂事，于是她拎起儿子的衣领，把儿子一顿打骂。

儿子哭着回到自己的房间，这时天天陪伴他的小狗黄黄来到他身边，冲他摇头摆尾，还用舌头舔了他几下，表示对他的安慰。儿子无辜挨打，特别委屈，而小狗黄黄的行为，在儿子看来非常讨厌。他一脚踢开小狗，疼得小狗汪汪直叫。

人在没弄清真相之前就失去理智和耐心，贸然行事，容易造成难以想象的后果。当你遇到没有弄清真相的事情时，千万不要生气、不要冲动。冲动是魔鬼，会让无辜者成为受害者。

斯蒂芬·赫瑞克家里困难，结婚没多久就离开妻子外出谋生。很快，他找到一份工作，并向老板提出要求："请让我在这里想干多久就干多久，一旦我走了，请你一次性把工钱给我算清。"老板也是一位大方的人，答应了斯蒂芬·赫瑞克的要求，并签订协议。

时光飞逝，日月如梭。斯蒂芬·赫瑞克给老板足足干了20年，中间从未休假或回家。当斯蒂芬·赫瑞克向老板提出辞职时，老板按照当初的约定，给他结清了所有工钱。就在斯蒂芬·赫瑞克告别老板时，老板给他一个忠告：永远不要在生气时做出决定，否则会后悔一生。

斯蒂芬·赫瑞克谢别老板，踏上回家的路。经过漫长的行程，傍晚时分，他终于看到离别20年的家。当时，烟囱正冒着炊烟，隐约可以认出妻子熟悉而陌生的身影。尽管天色已暗，斯蒂芬·赫瑞克还是看到不该看到的一幕，一个男人正趴在妻子的腿上，妻子正在抚弄那人的头发。自己20年没有回过家，竟然有男人出现在屋内，他的内心顿时充满悲痛和仇恨。斯蒂芬·赫瑞克想冲进去杀死这对"奸夫淫妇"，就在愤怒到极点之际，他突然想起老板给他的忠告。于是，他强忍内心的怒火，停了下来。

当晚，斯蒂芬·赫瑞克没有进入家门，而是露宿在野外。天亮时，他一再提醒自己说："我不能杀死我的妻子，我要回到老板那里，求他收留我，在这之前，我想告诉我的妻子，我始终忠于她。"然后，斯蒂芬·赫瑞克敲响家门。开门的正是妻子，她见到朝思暮想的丈夫，便一头扑在丈夫的怀里。斯蒂芬·赫瑞克想把怀里的妻子推开，但没有做到。他流着泪水说："这20年里，我对你忠心不二，没想到你却背叛了我。"

妻子一听，擦干泪水，说："我等你等了20年，没有做过对不起你的事情，更没有背叛你。"斯蒂芬·赫瑞克一惊，说："昨天晚上，我看到一个男人出现在家里，难道这不是背叛吗？"妻子一下明白了，说："你误会了，那是我们的儿子，你走时我已怀孕，今年孩子刚刚20岁。"说着把丈夫拉进家门，叫出儿子，父子二人紧紧相拥。

如果没有老板临走前的忠告，斯蒂芬·赫瑞克极有可能会杀死妻子和自己的儿子，一旦悲剧发生，他肯定会为此悔恨终生。所以，无论多么气愤，都要冷静下来，不然的话就会做出愚蠢的事情。

不要被愤怒牵着鼻子走

愤怒是一种常见的负面情绪，不仅会让我们丧失冷静和理性，更会让我们在气头上做出冲动的事情。

生活和工作中，很多事会让我们心烦意乱，很多人也会让我们忍无可忍，这些都会激起我们的怒意。很多人一旦发火，就会被愤怒左右，做出错误的选择。

皮索恩很有军事指挥能力，不过他有一个缺点，就是不会控制自己的怒火，总是在情绪的驱使下做出一些不理智的事情。有一次，皮索恩手下的两名士兵外出侦察，却只有一个回来。当皮索恩询问他另一个士兵下落的时候，他说不上来。皮索恩怒不可遏，当即决定绞死这个士兵。

就在这个士兵要被绞死的时候，他的同伴回来了。士兵们都很高兴，他们认为自己的战友得救了。于是，他们找到皮索恩，心想他也会高兴。结果出人意料，皮索恩恼羞成怒，把两个侦察的士兵以及没有立即执行命令的刽子手一起处死了。

作为一个军事将领，皮索恩由于没有克制自己的冲动，在短时间内竟处死三个人，他在士兵心中会营造一个怎样的形象？假如你是皮索恩的上司，得知他这样处理军务之后，你会怎样对待他？还会把军事指挥权交给他吗？所以，能否有效驾驭自己的情绪，控制自己的脾气至关重要。

拿破仑在19世纪初时纵横欧洲，所向披靡，但是这也引起很多人的不满。1809年1月，拿破仑正在西班牙时，中欧发生一场新的战争危机，拿破仑命内伊和苏尔特率兵驻守西班牙，自己返回法国。当时，塔里兰是法国的外交大使，正秘密筹划造反。拿破仑刚抵达巴黎，他的情报员就将塔里兰密谋造反的事告诉了拿破仑。接着，拿破仑召开会议，各大臣奉命前去参会，塔里兰也不例外。

拿破仑其实也察觉到塔里兰的不忠，一直苦于没有证据，因此既愤怒又苦恼。会议开始时，拿破仑旁敲侧击，点出塔里兰的阴谋，塔里兰却面不改色。为此，拿破仑情绪激动，走到塔里兰跟前说：“某些大臣图谋不轨，巴不得我早点儿死掉！”面对这样的局面，塔里兰依旧泰然自若，透过他的眼睛，在场的人只能看到一丝疑惑的神情。这时，拿破仑再也按捺不住了，朝塔里兰吼道：“我授予你至高的荣誉，赐给你大量的财富，你却阴谋造反！如此恩将仇报，你还配做人吗？我觉得你跟穿着丝袜的狗没什么两样。”一阵咆哮之后，拿破仑头也不回地走了，大臣们则你看看我，我看看你，满脸的惊讶。

在这之前，众大臣从未见拿破仑这样失态过。没想到的是，塔里兰这时仍然显得非常镇定，他缓缓地站起来说：“如此体面的人物今天居然这样粗鲁，我感到很震惊，在座的各位也很意外吧！”接着，塔里兰说道：“这是失败的开端。”拿破仑怒斥塔里兰的消息可谓不胫而走，在人们之间迅速传播开来。正如塔里兰所说的一样，此后拿破仑的声望逐渐下降，他的政治生涯开始走下坡路。

拿破仑难以抑制自己愤怒的时候，就是他失败的开端。任何人都一样，当内心被愤怒占据时，还谈什么成功？

我们要强化自己的心理素质，学会控制自己的情绪，沉稳冷静地做事，才能一步步走向成功。

美国研究应激反应的专家理查德·卡尔森曾说：“人们要接受一件事，那就是生活是不公平的，任何事情都不会是一帆风顺的。遇到不顺心的事情时，要冷静下来，要理解别人，不要被不良情绪牵着鼻子走。只有让自己保持良好的心理状态，避免垃圾情绪积压，才能够以良好的形象出现在别人面前，才能获得更多人的认可和支持。”

杰斐逊是美国众议院的一名议员，一直要竞选市长。在初期的演讲中，他取得了一些选民的支持，但相对于自己的对手，还是显得微不足道。有一天，一位大银行家与他的对手会谈后迎面遇到杰斐逊，杰斐逊礼貌地打招呼，不过这名银行家显得非常傲慢，说：“没有我们财团的支持，就你，如果你活得长一点儿，或许可以竞选成功。”

杰斐逊当时被气得话都说不出来，银行家的话无疑是讥笑他没有更多的支持，想当市长没有任何希望。但是杰斐逊却很好地将愤怒转变成一种动力，更加努力地演讲、竞选。通过一轮又一轮的竞争，民众逐渐认识到杰斐逊的真诚，杰斐逊也在最后时刻成功逆转，当选为市长。

意大利商人安东尼·迪比奥在谈及自己成功的经验时说："我并不是什么天才，在这世界上比我聪明、有才华的人比比皆是，我能够超过他们取得成功，只是因为我比他们更善于控制自己的情绪。"其实，控制情绪不是一项技巧，而是一种心态，是良好心理素质的外在体现。

仔细观察你的周围，哪一个成就非凡的人不是沉稳冷静的人？所以，无论身处何种境地，都要保持一种稳重的心理状态，不被愤怒牵着鼻子走。只有这样，才能做出正确的选择，才能让别人看到你的成熟心态和应变能力，才能赢得更多的支持。

学会止怒，有涵养的人生才精致

美国医学专家米勒进行过一个有趣的实验——向150名有心脏病史的人和150名健康人提出同样的问题：“如果服务员不小心把咖啡洒在你身上，公交车上有人无意间踩到你的脚，你喜欢的衬衫被人撕破了，面对这些情况，你会怎么做?”

有心脏病史的人的回答大都是愤怒或沮丧，而健康人则没有把这些事情放在心上，而是笑笑就过去了。米勒因此得出这样的结论：愤怒和紧张容易导致血管内壁收缩和破裂，甚至会引发心肌梗死或局部缺血的情况。

这并不是危言耸听，根据医学理论，容易生气的人即使不考虑吸烟、高血压、胆固醇、体重、饮酒、家族遗传等致病因素，他们也比普通人更容易出现心肌梗死或心绞痛，这类人的发病率是普通人的三倍。当他们表达内心的愤怒时，愤怒程度越高，就越容易出现脑卒中，概率是平常的两倍。尽管如此，仍有很多人不知道如何控制愤怒。

知名生理学家约翰·亨特在他的作品中描述了愤怒对心脏的影响：“那些让我生气的恶棍最终会导致我死亡。”有一天，他参加一个聚会，当时有人提出反对他的观点，他听到后非常愤怒，立即与对方进行激烈辩论，当情绪激动时，他的血管突然收缩，当场倒下，最后不幸去世。

崔珍珍是一所大学的学生心理咨询师，当她了解到愤怒会产生严重的后果后，就给自己经常生气的阿姨打了一个电话，希望能够提醒她。但是，阿姨并没当回事，反而说：“世界上容易生气的人很多，不幸的事情不会发生在我身上。”不久后，不幸的事情发生了。那一天，阿姨在餐厅用餐时，因为一件小事与一位年轻人发生争执。由于争吵时过于生气，她当场就出现脑卒中症状，尽管立即被送到医院，但还是没能挽救她的生命。

生命不会出现侥幸，一定要谨记约翰·亨特和崔珍珍的阿姨的不幸事例。在现实生活中，当想要发火时，一定要控制好自己的情绪。

蒂娜的叔叔没有直系后代，叔叔去世后，她继承了一笔相当可观的财产。好友小芝得知这一消息后，向她提出借款的请求，并承诺会支付丰厚的利息。蒂娜认为小芝是个可靠的人，便同意借款。但出乎蒂娜意料的是，小芝第二天就从她的世界里消失了。

在最初的一段时间里，蒂娜陷入痛苦和愤怒之中。她食不甘味，夜不能寐，不到半个月的时间，整个人瘦了一圈。如果此时的蒂娜能够心平气和地看待这件事，就不会出现可怕的后果。令人心痛的是，蒂娜并没有解开内心的结，身体每况愈下，出现头痛、消化不良、四肢无力、失眠、忧郁、呼吸困难等症状。

有一天她终于意识到，这样下去太不值得。于是她开始调整自己的生活重心，不再为借款的事而恼怒。蒂娜的改变立刻产生了积极的效果，她的心情也随之改善，身体逐渐好转，不久后就恢复了健康。

像蒂娜这样能够调整情绪、转移注意力，控制愤怒的案例实际上很常见。一位参加过心脏病学年会的美国医学专家曾呼吁他的同事们，为患者开出更多的“保持冷静，不生气”的心理处方。

有位老太太擅长带孩子，成功地将一个脾气倔强的小女孩教导得乖巧听话。

一次，小女孩的父亲询问她的成功秘诀，老太太向他讲述了一个引人深思的小故事。

在古代，人们通常利用骡子运输重物。尽管骡子的体力好，但也有致命的缺点，那就是脾气倔。

骡子一旦发起脾气，四只脚就会像钉在地上一样，一动也不动。无论主人如何用鞭子抽打，它一步也不愿意走。

这时，有经验的主人不会用鞭子打它，那样只会让情况变得更糟。主人会迅速地从地上抓起一把泥土，塞进骡子的嘴里。

这位父亲好奇地问：“骡子吃了泥土，就会乖乖地走路吗？”

老太太摇头，说："其实不是这样的，骡子会把嘴里的泥土吐出来。然后，在主人的驱赶下，才会继续前行……"

这位父亲又惊讶地问："怎么会这样？"老太太微笑着说："原理很简单，骡子忙于处理嘴里的泥土，就会忘记自己刚才为什么生气，这种塞泥土的做法，目的是转移它的注意力。这个方法对骡子有效，同样也适用于你那个脾气倔强的女儿。当你的女儿脾气上来时，我就给她拿一些玩具，转移她的注意力。"

转移注意力，使我们将大脑的焦点转移到其他事物上。当愤怒情绪出现时，可以通过以下几个转移注意力的方法来控制自己的情绪。

1.离开让你产生愤怒的环境

对许多人来说，愤怒通常是在特定的环境中产生的。当在某个时间、某个地方发生让你生气的事时，继续待在那个特定的环境中，你会感到愤怒；离开那个环境，你的愤怒便会逐渐平息或消失。所以，离开引发愤怒的环境，是控制自己不生气的一种有效方法。

2.停止思维反刍

当某件不愉快的事情发生后，会让你愤怒不已，这种行为被称为思维反刍。反刍思维会产生严重的负面效果，也就是说你越想那件事就会越生气。若想有效地控制自己的愤怒情绪，必须采取"思维停止"的策略进行控制。在这个时候，你需要大声地对自己说"停"，不再去想那些已经发生的不愉快的事情，而是将注意力转移到其他事物上。

3.利用意象想象化解愤怒

意象想象实际上是在大脑中构建一种场景，我们可以利用这种内在的意象场景来管理愤怒。感到愤怒时，先深吸一口气，然后闭上眼睛，想象过去发生的快乐的事情，这样就可以有效调整自己的情绪，使情绪恢复到平静的状态之中。

自我安慰和鼓励可以化解负面情绪

人遇到悲伤、烦恼时，很容易被情绪左右，自我安慰和鼓励尤为重要。此时，放下所有让你烦恼的事情，走到开阔的地方去感受大自然的清新气息，或者去观察周围的每一棵树、每一朵花、每一个生命。这样，你就会在其中找到安慰。学会自我安慰和鼓励，可以保持良好的心态，将悲伤、烦恼转化为正向的力量。

一天，一位先生遭遇一场交通事故，失去一条腿。听到他的不幸遭遇后，朋友们都来探望他，都为他失去一条腿而难过。看到忧心忡忡的朋友们，这位失去一条腿的先生却笑了。

“你怎么还有心情笑?”朋友们都以为他的精神出了问题。

“当然有。当我醒来发现自己失去一条腿时，我就安慰自己说：‘没关系，只是失去一条腿，而不是生命。’所以，我现在有充分的理由笑啊!”

过了一段时间，这位先生离开医院。正当他准备回到工作岗位时，却收到解雇通知。理由是他缺少一条腿，无法再胜任原来的工作。

朋友们得知这个消息后，打算在看望他时，好好安慰他一番。令朋友们惊讶的是，当他们来到他家时，看到他平静地坐在轮椅上，把解雇通知折叠成一架纸飞机，愉快地将它抛向天空。纸飞机随着风儿缓缓升起后又落下，这位先生把纸飞机捡起来再扔向空中。如此反复进行，他开心得像个小孩子，笑声充满整个房间。

朋友们感到很惊奇，就问他：“你不难过吗？你收到的可是解雇通知。”

“失业已经成为无法改变的事实，我与其难过，还不如思考接下来做什么，当我接到解雇通知时我安慰自己：‘幸好只是失去工作，而不是失去再次创业的勇气。’所以，我没有理由为此感到难过!”

读到这里，有些人或许觉得这个男人有点难以理解，或许觉得这个男人有点神经质。他的行为举止不可思议，但他却是一个在困难和挫折面前懂得自我安慰和鼓励的人。每当他遇到不开心的事情时，总能安慰自己。

当我们为理想奋斗时，需要时刻给自己安慰和鼓励。不仅仅是口头上的行为，更重要的是能让自己拥有一份良好的心态。

当对过去的事情感到后悔，导致心情很糟糕时，可以这样安慰自己：过去的已经成为过去，悔恨无济于事；未来的路还很长，即便现在再怎么后悔，也不会起到任何作用。不如放下过去，立足现在，把握好明天。这样的人生才会有意义。

在日常生活中，经常有人叹息活得很累。这里的“累”指的是精神上的压力和心理上的负担。实际上，感到累或不累都是相对的，如果想要生活不那么累，就需要学会放松。累会让一个人精神萎靡，累会让一个人失去前进的动力，也会让一个人降低对自己的期望……当你感到特别累时，对自己最大的安慰就是释放自己。

有些事情别人永远无法完全理解，比如自己的痛苦只有自己知道，自己的悲伤只有自己知道，自己的快乐只有自己能体验。你眼中的苦难，可能是别人眼中的幸福；你眼中的幸福，可能是别人眼中的苦难。当你看到别人的生活而心生羡慕，不自觉想去比较时，可以安慰自己：不要总觉得别人的生活更好，调整好自己的心态，过好自己的生活最重要，毕竟每个人都有自己的生活方式。

后悔过去的行为没有任何好处，最明智的做法是，如何妥善处理接下来的事情，别因后悔而让未来的事情变得更糟。泼出去的水永远无法收回，木已成舟永远无法恢复原状。当你对过去的事情感到后悔时，可以这样安慰自己：既然生米已经煮成熟饭，最好能平静地处理后面的问题，后悔没有任何好处；事情已经发生，顺其自然才是最好的。

贫穷常常与困苦相伴，人穷常常与志短有关。一个人如果心理贫穷，即使富有也会变得贫穷；一个人如果心理富足，贫穷也能变得富足。一个人在物质匮乏时出现绝望的念头，他的身体很快就会被摧毁。当你物质缺乏时，可以这样安慰自己：人穷志不短，我要自信自强。物质缺乏只是暂时的，美好的日子很快就会来临。

嘴巴是别人的，人生是自己的

一天，庙里来了一个怒气冲冲的年轻人，满怀委屈地对明月禅师说："我每天都非常努力地工作，但只有少数人认可我的能力，说我将来一定会有所作为。大部分人都嘲笑我是一个大傻瓜，说我这一生都不会有什么大成就。您说，他们怎么能这么可恶呢？"

明月禅师听完这位年轻人的抱怨后，笑着问他："施主，外界传言说我是一个精通天文地理，甚至可以预知未来的神人。也有人说我只是一个大骗子，什么都不懂。施主，你觉得我应不应该生气呢？"

年轻人听到明月禅师这样问，一脸迷茫地摇了摇头。

明月禅师笑着对他说："其实，这是一个非常简单的道理。比如，一斤大米，用不同的视角去看，它就有完全不同的价值。在做饭的家庭主妇看来，它只能做两三碗米饭；在农民的眼中，它最多也就值一元钱；在卖粽子的人看来，它被包成粽子煮熟后可以卖三元钱；在做饼的人看来，它大概可以卖五元钱；在酿酒的人看来，它可以酿成酒，能够卖四十元钱。其实，大米还是那一斤大米。"

年轻人听后若有所悟，点了点头说："感谢大师的指导。我明白了，不应该因为别人的评价而生气。无论别人怎么说，我最后能做什么，会成为什么样的人，都是由我自己来决定。"

明月禅师双手合十，对年轻人点了点头。

别人的评价并不能决定你最终会成为什么样的人。就像故事中的年轻人一样，别人对他恶言相加，他会成为什么样的人，决定权在他自己手中。现实生活中，即使他人赞美你是珍珠，你不付出努力，最终也只能成为无价值的草芥；即使他人贬低你是草芥，你愿意付出努力，最终同样可以变成璀璨夺目的珍珠。可见，别人如何评价你并不重要，千万不要陷入自我怀疑的陷阱之中。你最应该做的就是，坦然面对真实的自我，持续努力和进取。

无论是赞美还是诽谤，都能保持内心的平静，不为此生气，这是一种超然的境界。这样就可以避免被束缚而成为笼中困兽，可以全神贯注地做事，不因名誉而生气，不因利益而发怒。这种不为名利所动的境界，反而能唤醒独立的意志和精神的觉醒，最终实现一番伟大的事业。

有一次，卡耐基问富兰克林·罗斯福总统的夫人伊莲娜·罗斯福如何处理不公平的批评——其中有热心的朋友和激烈的反对者，她受到的批评可能比任何白宫的主人都要多。

伊莲娜·罗斯福告诉卡耐基，自己小时候是一个非常羞涩的小女孩，非常害怕别人的评价。有一次别人批评她，她向姑妈寻求帮助，她的姑妈就是西奥多·罗斯福的姐姐。

她的姑妈正视着她，说："不要在意别人的评价，只要你自己认为是正确的就可以了！"伊莲娜·罗斯福告诉卡耐基，这一建议一直是她的行为准则。她还告诉卡耐基，不在意所有批评的唯一方式就是"做你认为是正确的事。无论如何你都会受到批评，做也难免被批评，不做也难免被批评"。

当马修·布鲁什还在华尔街40号的美国国际公司担任总裁时，卡耐基曾问他是否在乎别人的批评，他回答说："是的，早年我对这种事情非常敏感。当时我急于让公司的每一个人都认为我是完美无缺的。如果他们不这样认为，我就会焦虑。只要有人对我有一点点的抱怨，我就会设法去讨好他。问题是我讨好一个人，总会让另一个人不高兴。等我再想去满足另一个人时，又会惹恼其他的人。最后，我发现越想讨好别人，以避免别人批评我，不喜欢我的人就越会增加。所以我最后对自己说：'只要你优秀，就一定会受到批评，还是早点适应为好。'这对我帮助很大。从此以后，我就决定尽最大的努力去做我认为正确的事，然后我扔掉那把旧伞，让批评的雨水从我身上流过，而不是滴进我的脖子里。"

卡耐基认为，狄姆斯·泰勒先生在处理他人批评的方式上表现得更为出色，他不仅让批评如雨水般淋湿他的领口，还能在众人面前对此报以欢笑。

有一段时期，泰勒先生每周日的下午会对纽约爱乐交响乐团进行评论。有位女士给他写信，称他为“欺诈者、背叛者、毒蛇和白痴”，泰勒先生在《音乐与人》中写道：“我猜想她可能只是随口说说而已。”

在第二周的广播中，泰勒先生还向数百万听众朗读这封信，几天后他收到这位女士的另一封信，“她毫不掩饰地表达她的观点且没有任何改变，她依然认为我是一个欺诈者、背叛者、毒蛇和白痴。我现在相信她并非随口之言”。

卡耐基对泰勒以这种方式接受批评表示敬佩。面对他人的言论，生气无疑是用他人的错误来惩罚自己，这是愚蠢的行为。人生短暂，享受幸福和快乐的时间都不够，哪有闲暇时间去生气呢？

要想体验到更多的欢乐，就不必过于关注他人对你的看法。你的快乐完全由自己掌控，没有人能够夺走；你的人生由自己决定，所有的选择都在自己手中，没有人能决定你的人生走向。如果在他人的否定声中失去自我，你追求的一切都会变成虚无的幻象，永远无法实现。对于任何人的批评和否定，都不必放在心上，世界上唯一能否定你的人只有自己。

生活中的批评和意见无法避免，要是因他人的意见和批评而生气或发怒，太不值得。如果总是过于重视他人的观点，过分迎合他人的想法，失去的不仅仅是快乐，而且容易自己生闷气。嘴巴是别人的，人生是自己的，只要自己过得快乐就好。

暴躁无法解决问题

由于工作、生活上的压力，很多人常常会因一些日常琐事大发雷霆，做出极其粗暴的行为。

《三国演义》中，张飞是一位勇猛将领，他最明显的弱点就是暴躁，在阆中驻守期间，张飞得知二哥关羽遭受不幸，日夜悲痛，血泪衣襟。众将用酒安慰他，张飞在大醉之后暴躁更甚，只要士兵稍有失误，就会用鞭子惩罚他们。此前，刘备经常告诫张飞，不要对下属过于苛刻，否则会给自己带来麻烦。张飞始终未能改变暴躁性格，仍然我行我素，最后不幸被刘备言中。

一天，张飞发布军令，要求三天内准备好白色的旗帜和甲胄，全军挂孝伐吴。第二天，他的部下范疆和张达因一时无法筹集到足够的白旗和白甲，遭到严厉惩罚。愤怒的张飞命令他们如果在明天还不能准备好，就砍下他俩的头颅。范疆和张达害怕被杀，共谋杀死醉酒的张飞，并带着张飞的头颅逃往东吴。

张飞的死归根结底都是暴躁惹的祸。他报仇心切，使心理阈值每况愈下，变成一个喜怒无常的狂躁匹夫。在肆意宣泄怒火时，张飞只是得到了暂时的痛快和满足，却给自己埋下致命的祸根。一员猛将就此陨落，让人扼腕长叹！

珍妮是位优雅的职业女性，在一家企业担任秘书。每当她的观点与别人不一致，即将引发争执时，她总是选择结束讨论，在办公室或者回家整理内务，直到把一切都整理得井井有条、一尘不染才会停下来。久而久之，同事、邻居都对此好奇，询问她为何如此，但面对他人的提问，她总是笑而不语。

由于从不与人发生争执，珍妮几乎没有树敌。无论是在邻居还是同事中，她的人缘都非常好，事业也一帆风顺。经过多年努力，她在公司的地位越来越高，渐渐成为公司的核心人物之一。尽管如此，每当遇到不愉快的事情，她仍然会选择离开，然后去打扫卫生，直到把自己累得筋疲力尽。家人看到珍妮工作如此辛苦，回家还要打扫卫生，劝她停下来，并询问她为何要这样做。在家人的再三追问下，珍妮最终透露出心中的秘密。

原来，珍妮刚从学校毕业时，年轻气盛，是个暴脾气，经常因为一句话或一件小事与人发生冲突。有一次，为一件微不足道的小事与邻居发生争执，当她把怒火向邻居宣泄之后，对方并没有道歉，反而她自己却气病了。病愈之后，珍妮终于明白，脾气暴躁，遇到问题后，无谓地生气或发火不能解决问题，反而会伤害自己的身体。从那以后，她决定改变自己的暴躁性格，每当与人有矛盾时，她就会通过整理内务或打扫卫生的方式，让自己的内心平静下来。

一位名人说过："如果你紧握双拳来找我，我相信我有能力应对你，我的拳头会和你的一样紧；如果你来到我这里说'让我们坐下来共同讨论，如果观点有所不同，我们需要了解为什么我们的观点会有分歧，争论的焦点在哪里'，我们很快就能发现，分歧并不是那么大，不同的地方很少，而相同的地方却很多。只要我们保持耐心，就能找到解决问题的方法。"暴躁是一种自我毁灭的武器，对解决问题没有任何帮助，那些总是想发火的人，试图通过攻击性的语言使他人屈服的人，往往会得到相反的结果。

达尔文曾说过："脾气暴躁是人类最卑劣的天性之一，人要是发脾气就等于在人类进步的阶梯上倒退一步。"面对易怒的情绪，不能任其发展，因为脾气的好坏取决于自我控制的能力，这也是人类与动物的区别之一。张良拾鞋的故事是一段广为流传的历史佳话。当张良面对老人一次又一次的无理要求时，理智控制了自己的恼怒情绪，不仅去桥下为老人捡起鞋，还亲自帮老人穿上。他的大度得到老人的赞扬和认可，从而获得《太公兵法》这本珍贵的书籍。拥有此书后，张良勤奋研读，最终成就了伟大事业，为汉高祖刘邦立下赫赫战功。张良能够冷静处理自己的怒火，这完全归功于他内心的平和。

脾气走了，福气来了

在日常生活中，许多人只要遇到一些不如意的事情，脾气就会突然变得很大，仿佛要和对方争个你死我活，其实这个时候，人就陷入了生气的旋涡中。要是能以宽容的心态来面对生活，就会收获到一种全新的生活体验。

天刚亮，杨居士便抱着一束鲜花和一盘供果，赶到大佛寺参加寺院的早课。没想到他刚踏进大殿，张居士便从左侧撞了过来，他手里的供果和鲜花全部掉在地上。杨居士立即被气得火冒三丈，忍不住冲着张居士嚷道："你看，我的水果和鲜花全部被你碰掉了，你无论如何都要给我一个交代。"

张居士看杨居士如此不友好，也不满地说："不就是把你的花撞掉了嘛，给你道个歉不就行了吗？你干吗那么凶？"

杨居士见张居士如此态度更是生气，说："你这是什么态度？自己做错了事，不道歉也就罢了，居然还要怪别人。"接着，两人的纷争愈演愈烈，互相咒骂、指责的声音更是此起彼落。

广圄禅师正好经过，看到两个人在这里吵得厉害，就走了过去。他问清楚两个人吵架的原因，然后对他们说道："走路时莽莽撞撞确实不好，一不小心就会撞到别人，但是如果被撞的人一直抓住别人的错误不肯原谅，也不肯接受别人的道歉，那也是不对的。你们现在这样吵下去，用不了多久就要动起手来，最后两败俱伤，除了给药铺带来些生意以外，没有任何的好处，还令你们结下梁子，实在是太不值得。你们反过来想一想，假如两个人都能退一步，坦诚地承认自己的过失，并且接受对方的道歉，这样你们不就吵不起来了吗？或许两个人还能因此成为朋友呢！"

广圄禅师看着默不作声的两人继续说道："我们的生活中需要协调的事情太多了，如果每件事情都要争个对与错，那岂不是有太多的烦恼困扰我们？你看，你俩为了这么一点小事，就破坏了一整天的好心情，值得吗？"

两个人听了广圄禅师的话，心里一阵愧疚。张居士看着禅师说道：“禅师，今天的事情是我的错，刚才实在太冒失了！”说完就转向杨居士，真诚地道歉说：“杨兄，都是我的错，请接受我的道歉吧！”杨居士见张居士如此诚恳，也由衷地说道：“我今天也有不对的地方，不该为了这么一点儿小事就发脾气。”

广圄禅师看着两人改变了态度，也非常开心。

所以，改一改自己的坏脾气，不要让一点儿小事就影响了我们一整天的心情。争斗只会导致双方都受伤，如果能展现出宽广的胸怀，就能带给自己和他人安宁和温馨。

宽容，体现出宽大的心胸，一种不拘泥于小事的生活态度，更是一种生活方式。它代表着幸福，不去计较别人的错误，不仅给了别人机会，同时也展示出自己的修养，赢得他人的信任和尊重。

我们在茫茫人海中穿梭，难免会遇到一些小挫折，不要恐慌，更不要责备他人，一个微笑和一句真诚的道歉，就能平息一场风暴。对别人的宽容，就等同于对自己的善待。这样的生活才能轻松和快乐，才能收获真正的幸福。

从前有个人，经过多年打拼，积累了大量财富。不过，他年事已高，想从三个儿子中选出一个接班人，接管他的产业。为了考验他们，富商想出一个方法。

他让三个儿子花一年的时间去不同的地方旅行，回来后再对他们一路上的行为进行评估，谁做的事情最高尚，谁就能成为继承人。

时间飞逝，一年很快过去，三个儿子回来后分别向富商父亲讲述这一年的旅行情况。

大儿子兴奋地向父亲分享自己在旅行中碰到一个陌生人的事情。他赢得这个陌生人的信任，对方把一袋金币交给他保管。没过多久，那个陌生人意外去世了，大儿子并没有把那袋金币据为己有，而是千里迢迢找到他的家人，毫无保留地归还了金币。父亲听完长子的讲述后，满意地点了点头。

二儿子看到父亲对大哥很满意，立刻分享自己一年的旅行经历。他自信地向父亲讲述道，有一天走进一个贫瘠的乡村，恰好遇到一个可怜的小乞丐掉入河水中，几乎没有人愿意去救那个小乞丐，但他毫不犹豫跳进河里，把小乞丐救了上来。为了让小乞丐能够更快地康复，他离开之前还给了小乞丐一些钱。

小儿子听到大哥和二哥都做了好事，担心父亲对自己不满，因此犹豫不决，不愿分享自己一年的经历。父亲忍不住问他，他只好含糊其词地告诉父亲，在旅途中并没遇到什么大事，只是遇到一个恶人，想要他的钱，对他百般刁难，甚至差点丧命于恶人手中。但是有一天他经过一个悬崖时，恰好碰到那个恶人正在悬崖边的一棵树下睡得很熟，当时他只要轻轻一脚就能把恶人踢下悬崖，可他并没有这么做，反而还觉得恶人在这里睡觉很危险。在离开之前，他把恶人叫醒，然后继续上路。

小儿子分享完自己的经历后，立刻受到两位兄长的讥讽，在他们看来，这并不算是什么高尚行为。父亲看着三个儿子，笑着说："财产继承人是老三。"

两个哥哥听完父亲的话都愣住了，父亲接着说："其实，诚信和见义勇为本来就是人的应有品格，宽容却不同，它体现出一个人的胸襟，这并不是每个人都具备的品质。你们的弟弟有机会报复那个恶人却选择了放手，反而真心帮助恶人避开危险，这样的宽容之心才是最崇高的。所以，我决定把所有的财产交给老三。"

富商的决定是明智的。三儿子能够以博大的心胸去包容别人，必然在未来的生活中能够获得更多的幸福。这就像我们的人生一样，如果遇到一些困难，就愤恨不平、抱怨不止，甚至暴跳如雷、自暴自弃，那么你的生活将永远充满阴霾；相反，如果以一颗宽容的心去对待周围的人和事，就能在困境中看到希望，就能获得更多的快乐。

第十章

珍惜当下：将生命滋养在美好与温暖里

草枯了，来年继续发芽；花落了，明年还会再开。而人的生命是一次现场直播，没有彩排，没有剧本，不能快进，也无法重播。珍惜当下，不要沉浸于过去，也不要忧虑未来，开心过好每一天，才是对生命最大的礼赞，才不会辜负人间的美好与温暖。

拥有阳光心态，快乐不请自来

诗人歌德曾说：“如果新的一天来临时没有新的欢喜，当夜幕降临时如果找不到任何新的快乐的希望，那么我们的醒来、睡去就失去意义。”

生活的精髓在于从快乐中寻找幸福，在幸福中体验快乐。尽管每天发生的事情不一定都会让我们感到愉快，但只要保持积极的心态，就能拥有快乐。

在快乐中过好每一天，是每个人的追求。不过，并不是每个人都能如愿，特别是那些被现实束缚的人。之所以会发生这样的情况，是因为人们追求的成功、渴望的名利，并不是快乐的源泉，有时候会成为引发愤怒、烦恼的主要因素。拥有阳光心态，就会在每一件事情上看到它积极的一面，心情舒畅了，快乐也就随之而来。在面对困境时，拥有阳光心态，就不会去抱怨，而是透过困难看到事情积极的一面，以愉快的心情去努力奋斗，无论与天斗、与地斗还是与自己斗，都会乐在其中。

一旦拥有快乐的心情，就像获得一剂良药，能够治愈我们不快乐的生活。如果总是去想一些痛苦、悲伤的事情，生活的天空就会失去原本的明亮色彩，充满阴暗和乌云。

从前，有个人总是生活在烦恼之中。为了找到引起烦恼的原因，他去请教一位得道高僧。

“请问大师，为什么命运对我如此不公平？为什么别人快乐，而我却有那么多的烦恼？”

高僧没有直接回答，而是让人拿来一些盐和一杯水，让他把盐放入水中，过一会儿再喝下去，然后问他味道如何。

这个人说：“很咸。”

高僧又让他带着相同分量的盐，和他一起来到湖边，先让他把盐倒入湖水中，然后又让他喝一口湖水。

“味道怎么样？”高僧问道。

“很清凉。”这个人回答。

“有咸味吗？”高僧又问。

“一点儿也没有。”这个人接着回答。

高僧看着他，说：“上天对每一个人都是公平的，就像你倒进杯子和倒进湖里等量的盐。为什么你尝到的味道完全不同呢？原因就在于你的心胸还不够开阔。面对生活，我们需要有一个湖一样宽广的胸怀，而不是像杯子那样小的。”

拥有湖一样宽广的胸怀，首先就意味着要坦然接受生命中的困苦。生而为人，上天必定会为每个人准备一些“烦恼盐”，我们需要做的，就是不断修炼自己的胸怀。胸怀越大，烦恼也就越微不足道。烦恼就像轻风，只要心湖保持平静，即使水面出现微波，也是另一种美、另一种景色。

有位老太太，经常去寺庙里烧香拜佛，每次都满脸忧郁、愁眉不展。

一次，寺庙里的长老问她为什么总是这么忧郁，老太太说：“我是在为两个孩子担忧啊！我的大儿子是卖扇子的，小儿子是卖雨伞的。遇到下雨天气，我担心大儿子的扇子卖不出去；遇上晴天，我又担心小儿子的生意做不好。我能不忧心吗？”

长老听后，说：“原来是这样。你为何不换个角度想呢？晴天时，你大儿子的扇子会卖得更好；雨天时，你小儿子的雨伞会销售得很好。这样看来，你还有什么好忧虑的呢？无论晴天还是雨天，你都有一个儿子生意兴隆啊！”

老太太听后恍然大悟，从此每天都过得无比快乐。

人生就像一出戏，既有美酒和鲜花，也有苦涩和荆棘。很多时候，痛苦都源于过分强求“天遂人愿”。就像老太太的痛苦一样，人生本是一个矛盾体，生活中有得意也有失意。既然不能事事如意，为何不学会看开一些，尽可能地随缘呢？有时候，天遂人愿只是美好愿望，但一定要坚信，快乐并不在于拥有什么，快乐与否，其实取决于个人的心态、处世态度，以及看待问题的角度。当放下强求和执着，痛苦又怎能在快乐的心田中生根呢?

生活并不像想象的那样枯燥无味，不要把生活安排得太紧促，给自己留下一些时间和空间，去感受和品味生活的美好。当细心回顾自己这些年的历程时会发现，生活其实是一位无形的导师，始终在教导和引导我们，悄然无声地影响着我们的人生。

当看到和自己在同一起跑线的人取得比自己更好的成绩时，要保持冷静的心态，客观分析自己存在的问题，弄清楚自己失利的原因。在未来的道路上，不灰心、不气馁，要有进取心，通过吸取教训来纠正错误。做到这些，人生才会不断向前，不会因无聊的羡慕、嫉妒而影响心情或与他人产生隔阂。他山之石，可以攻玉。有了积极的心态，就不会因暂时的困境而自卑，敢于自信地与成功之人在一起，主动、积极、乐观地向成功人士学习成功的秘诀、借鉴成功的经验，逐渐把自己塑造成成功的人。

如果想要获得快乐，就要找到快乐的源头。快乐与所处的环境、地位或财富的多少无关，只与心态有关。保持积极、阳光的心态，就能拥有快乐的心情。

以微笑迎接生命中的每一天

张航坐在昏暗的房间里，看着窗外的雨点敲打着玻璃。他已经失业一个月了，每天在招聘网站上投递简历，却没有收到一封面试通知。他觉得自己像掉入一个无底深渊，怎么努力都看不到希望。

曾经的他，是家里的骄傲。工作稳定，收入体面，家人和朋友都对他满怀期待。然而，公司突然裁员，他失去了饭碗。从那天起，他的生活仿佛被按下暂停键，所有节奏都变得紊乱起来。银行卡里的余额越来越少，房租和生活开销却丝毫不减。朋友们的关心成了他眼中的“施舍”，家人的安慰像一种无形的压力。他开始失眠，情绪变得低落，甚至连起床都需要耗尽全身力气。

“或许，这就是命中注定，”张航在心里想着，“无论怎么努力，都无法改变当前状况。”他看着窗外的雨水，越来越相信，自己的生活不会再有转机，未来只会是更大的苦难。

张航的状态，反映出许多人在逆境中容易滋生悲观情绪。悲观是一种对未来结果持负面预期的心理倾向，它让人专注于问题的深度，而忽视了可能存在的解决方法。在张航眼中，失业不仅是失去工作，更成为他对自己能力和价值的彻底否定。他将失业和当前的困境联系在一起，得出“无论怎么努力，都无法改变当前状况”的结论，从而陷入消极的心理状态之中。

与悲观形成鲜明对比的是乐观。假如张航能够换一种思维方式来看待自己的处境，或许事情会截然不同。乐观并不是否认问题的存在，而是承认问题的同时，依然相信可以找到解决办法。对于失业这件事，乐观的人可能会将其视为一次重新开始的机会，而不是人生的失败。

悲观和乐观，就像雨夜和晴天。如果你是悲观的人，你将不断承受忧郁和痛苦的折磨，你的生活、学习、健康等都将受到影响。相反，如果能以乐观的态度，微笑着面对不幸、困难和挫折，这些问题将变得微不足道。

据说，美国加利福尼亚州一位 6 岁的小女孩，在一次偶然的机会中遇到一个陌生的路人，陌生人竟然一下子给了她 4 万美元。

这个小女孩突然获得如此巨额的馈赠，实在让人难以置信。消息传出后，附近的市民都议论起来，记者也纷纷上门采访这位小女孩。

有记者问："小妹妹，你真的不认识那位在路上给你钱的人吗？有没有可能他是你的远房亲戚呢？"另一位记者问："那位慷慨的陌生人为何会给你这么大一笔钱？ 4 万美元可是一笔不小的金额！"还有记者问："4 万美元，是真钞吗？让我仔细检查一下，确认不是假币。""那位给你钱的先生，他的举动正常吗？"

面对记者们的连番提问，小女孩始终保持着同样的反应，总是带着温暖的笑容回答道："不，我并不认识他，他也不是我的任何亲戚。我也不清楚为什么他会给我这么多钱，但我可以肯定的是，这些钱都是真的，对此我非常确信！"

小女孩的回答非常坦率，记者们似乎并不满足，继续追问，希望能够找到更多的答案。

在记者的巧妙提问下，小女孩回忆起那天的情景，说："当时我正在外面玩耍，偶然与他相遇，我只是送他一个微笑，他就给我 4 万现金。仅此而已。"

记者继续追问细节："他在给你钱之前，有没有对你说些什么？"

小女孩沉思片刻后回答："嗯，他确实说了些话。"

"他说了什么？"记者急切地询问。

"他好像说了一句：'你天使般的微笑，化解了我多年的烦恼！'"小女孩的脸上挂着些疑惑，继续说道，"可是，什么是烦恼啊？我真的不懂！我只懂微笑！"

后来，有记者找到那位富翁。在接受采访时，他这样说："如果一个如天使般的微笑，能够解开心中多年的困扰，这样的笑容是无法估量的。同时，它也是解决问题最有效的方法之一！微笑，就像初绽的花蕾，充满真诚和善良，深深打动人心；微笑，就像幽静的兰花，温馨而浪漫，充满清新的芬芳；微笑，就像熊熊的火焰，充满热情和温暖，激发人们心底的爱与善良。在顺境中，微笑是对成功的赞美；在逆境中，微笑是对创伤的治疗。”

那位富翁原来是一个内心不快乐的人。他的面部表情总是冷漠且严肃，他所在的小镇上没有人敢向他微笑。然而，他偶然遇到这个小女孩，她对他展现出真挚的微笑，让他的内心感受到前所未有的温暖，打开了他多年封闭的心门。因此，他决定给这个小女孩 4 万美元，这是他对当时自己所体验到的感觉定出的价格。

人生就像一次航行，有时甜蜜，有时苦恼。面对生活中的困扰，应选择以微笑来应对。如果把困扰比作生锈的钉子，微笑就是润滑剂；如果把困扰比作一把锁，微笑就是开启这把锁的钥匙；如果把困扰比作一块冰，微笑就是融化它的火焰。

身处逆境时，更需要用微笑伴行

人生有时就像一场纸牌游戏，命运负责洗牌，玩牌需要靠我们自己。输与赢并不可怕，关键是能否微笑面对。威尔科克斯曾说："当生活如同一首歌曲那样流畅时，笑口常开是容易的；不过，在一切都不顺利时仍能微笑的人，才是真正活出了生命的价值。"其实，困难是对意志的磨炼，微笑面对困难是积极心态的体现，有了积极的心态，就能发挥出无限的力量，最终走出困境。

逆境还是顺境，我们无法选择，但可以选择哭泣还是微笑。当困苦降临时，哭泣还是微笑，完全取决于个人内心。

有个小报童，每天都会在街头售卖报纸。有一天，一个商人问他："孩子，你做这个工作多久了？"

小报童微笑着抬起头说："已经三年了，从我七岁开始就做这个了。"

商人又问："你卖一份报纸平均能赚多少钱？"

小报童回答："目前每卖出一份报纸能赚十美分，不过有时候会有人给小费。"

商人点了点头，然后问："看你每天都面带微笑，卖报纸的时候应该很快乐吧？"

小报童依然笑着，说："刚开始时并不快乐，还很辛苦，每份报纸的利润不到两美分，那个时候这个街区的报童太多了，许多孩子比我年纪大，经验也比我丰富，我赚不了多少钱。后来不知为何，卖报纸的人越来越少，可能是他们觉得赚不到钱，认为这个行业没有前途，一个个都转行去做其他的事情。我坚持下来，过了一段时间，生意开始好转，我赚的钱也越来越多了。"

这个小报童后来创办的企业，成为报业领域的佼佼者。

小报童的成功，并非偶然。他在与许多同行竞争时没有放弃，在利润微薄时没有放弃，在生活艰难时没有放弃，总是以微笑面对困难，这种精神让他战胜了困难，最终抓住机会，取得成功。

一个失落的青年找到临济大师，请求大师为他剃度，希望能皈依佛门。

“我看你的尘缘未了，还是先回去吧！”临济拒绝了他的请求。

青年沮丧地说：“大师，我一次又一次地遭遇失败，一次又一次地受到打击，您为什么不愿意收我为徒，让我摆脱痛苦呢？”青年一边叹息，一边向临济讲述自己的经历。

临济静静听着他的诉说，仿佛进入禅定。直到青年说完，临济仍然没有说话。青年感到很奇怪，问：“大师，您为什么不说话？”

临济仍然没有回答，只是吩咐身边的小僧：“这位施主远道而来，快去烧一壶热水送过来。”小僧答应一声，转身离去。

很快，热水送来。临济取一小撮茶叶放入杯中，然后倒入水，将杯子放在青年面前，微笑着说：“施主，请喝茶。”

青年看了看，杯中之水半开不开，茶叶都浮在水面上，显然没有泡开，于是问：“大师，贵寺为何用温水泡茶？”

临济微笑着不作回答，只是说道：“施主长途跋涉而来，口中必定干渴，先请喝茶吧。”青年无奈，只好端起杯子，轻轻喝了两口。

“施主，这茶香吗？”临济问道。

听到这个问题，青年又喝了两口，仔细品尝一下，然后摇头说道：“这是何种茶？我并未闻到任何茶香。”

临济微笑着说：“这茶是闽浙的名茶铁观音，怎么可能没有茶香？施主，你再尝尝。”

青年心想，确实没有茶香啊！他拿起杯子，又喝了两口，反复品尝，仍然没有茶香。这次，他坚定地说：“真的没有一点茶香。”

临济笑了笑，再次吩咐小僧：“去烧一壶沸水来。”小僧听命而去。

没过多久，一壶冒着热气的沸水送来了。临济又拿来一个杯子，放入茶叶，然后提起水壶，倒入一些沸水。青年一看，杯中的茶叶在水中上下翻动，立刻有一股茶香飘入鼻中。

茶香诱人，青年忍不住伸手去拿杯子。临济说："施主稍等。"说完，提起水壶，再次倒入一些沸水。这一次，杯中的茶叶在水中上下翻动得更加快速。同时，一股更浓郁的茶香随着蒸汽从杯中冒出，瞬间满室都是清香。

青年见此，不由得对临济的茶艺赞叹不已。

就这样，临济连续向杯中倒水五次，杯子几乎满了，一杯翠绿的茶，满屋都是茶香。

临济笑着说："施主，请享用这杯茶。"

青年端起杯子，轻轻品尝，立刻感到口中充满茶香。

"施主，为什么同样是铁观音，前后茶味却大不相同？"临济问道。

青年回答说："大师，您先用的是温水，后用的是沸水，应该是水温的差异吧。"

临济笑了笑，说："对。在茶道中，首先要考虑的是茶的品质，其次是用水。用水的温度不同，茶叶在水中的沉浮也就不同。用温水泡茶，茶叶会浮在水面上，没有经过沉浮，茶香就不会散发出来。用沸水泡茶，再掌握一定的技巧，让茶叶在水中上下翻动，反复几次，就会自然地散发出春雨的清新、夏日的热烈、秋风的醇厚、冬霜的清冽。施主，人生就像茶道，必须经历起伏，才能有所成就。施主若有心向佛，任何地方都可以修行。施主，请回去吧！"

人生如茶，茶如人生。没有经历过风雨，人生就像用温水泡的茶，淡而无味；经历过世事沧桑，就像用沸水泡的茶，在沉浮之间自然散发出清香。

因此，当处于困境中时，不要抱怨世事的变幻无常和人生的不确定性，要微笑着接受现实，不要在困难中自我沉沦，而是坚守信念、永不放弃，现实一定会给你一个充满阳光的明天。

用淡泊的心态看待世间

淡泊是指内心的平静和对欲望的淡然，尤其是对名利的淡然，不被名利所困扰。诸葛亮曾经说过“非淡泊无以明志，非宁静无以致远”。这句话的意思是，人不去追求名利，生活俭朴，才能清晰地认识自己的志向；人不去追求喧嚣，保持内心平静，才能实现远大的目标。淡泊是一种人生的境界，淡泊者可因心宽而让天地变得开阔。

我们来到这个世界，不妨做自己的主人，而且做一个大度的主人，不必因为争斗得失而破坏了美好的人生。做一个大度的人，就是成为生活的主人，不被名利所困，不受世俗所束，不为琐碎的事情烦恼，尽情享受人生。

有位哲人用下面的故事，诠释出生活中身体、权力、财富、欲望、心灵之间的关系。

有个国王，先后娶了四位妻子。他特别宠爱第四位妻子，给她穿最华丽的衣服，吃最美味的食物；他也深爱第三位妻子，经常带她游历各国，环游世界；他同样爱第二位妻子，视她为知己，所有的想法都会告诉第二位妻子；对于第一位妻子，他却常常视若无睹，尽管第一位妻子对他最为忠诚，帮助他管理财富和维护王权。国王经常为自己有四位妻子而自豪，当他年老体衰，躺在病床上时，忽然想起什么来，便自言自语道：“我有四位妻子，哪一个愿意陪我走完生命的旅程呢？”于是他问：“亲爱的妻子们，你们能陪我一起死吗？”

第四位妻子说：“这种想法，简直是荒谬至极。”然后转身就走。第三位妻子说：“这怎么可能，你去世后我会再嫁的。”第二位妻子说：“亲爱的，我无法帮你做这件事，我唯一能做的就是安葬你。”这时，一个声音响起：“我愿意陪你走，无论你去哪里，我都愿意陪你。”国王的第一位妻子哭着跑到床前，紧紧握住国王的手。国王看到自己经常忽视的第一位妻子，现在已经瘦弱不堪、憔悴无比，在感动中流下悔恨的泪水。

哲人说："在生活中，我们每个人都是自己的国王，都有四位伴侣：第四位伴侣是我们的身体，无论我们投入多少时间和精力去保养，她最终会随着我们的离世而消失；第三位伴侣是我们的财富、权力和地位，无论我们为之付出多少，当我们在世时，她是我们的负担，当我们去世后，她将依附于别人，成为别人炫耀的资本；第二位伴侣是我们无尽的欲望和贪婪，她的存在只会成为我们心灵的重负，在我们离世时，她无法给予我们任何东西；第一位伴侣是我们的心灵，只有她才是我们灵魂的归宿。"

在人的一生中，处理好名利与心灵之间的平衡至关重要。我们作为自己生活的主宰，如果一心追求名誉和财富，心灵就会在重压之下变得"瘦弱"；一个心灵瘦弱的人，又如何能够开创出真正精彩的人生呢？只有摆脱贪欲和杂念，才能让自己的心灵变得丰盈。

生活中，要想成为一个淡泊的人，就要保持平静的心态，坦然面对生活中的得与失。

一个青年和一个长者一起在河边钓鱼，钓了很久，两人都没有钓到。失望的青年看着心满意足的长者，忍不住问："您没有钓到鱼，为什么心情还能这么好呢？"长者回答说："因为你是在钓鱼，而我是在享受钓鱼。你钓鱼只为让鱼上钩，获取收益；而我是在享受钓鱼的乐趣，不在乎鱼是否上钩。"

孔子说："一箪食，一瓢饮，在陋巷，人不堪其忧，回也不改其乐。贤哉，回也。"人生于世，得失不可避免，唯有像颜回一样淡然处之，才可"不以物喜，不以己悲"。做一个生活的淡泊者，就要杜绝贪欲，使自己远离名利场的纷争。

两个商人在沙漠中迷路了，一个商人为了减轻骆驼的负担，以便逃生，把两只骆驼身上的货物都扔掉，他自己轮流骑着两只骆驼，最后成功地走出沙漠；而另一个商人，不愿意放弃财富，甚至把第一个商人扔掉的货物都装到自己的骆驼背上，结果两只骆驼在沙漠中累死，他自己也在无边无际的沙漠中丧了生。

名利本身就是一副枷锁，贪欲会让我们身陷囹圄，只有摆脱束缚，才能"采菊东篱下，悠然见南山”。

想要成为一个生活的淡泊者，就要以豁达的心境面对生活，不纠结于是非恩怨。

唐代高僧慧宗禅师非常喜欢兰花，他和小和尚们在寺院中精心种植了许多兰花。有一天，暴风雨来临之前，小和尚们忘记给寺院中的兰花遮风挡雨，暴风雨过后兰花全部凋谢在泥淖之中。小和尚们一个个忐忑不安，都在等待慧宗禅师回来责罚自己。慧宗禅师从外地回来，见此状况，非但没有责备他们，反而说："我种兰花是为了自己的兴趣和快乐，不是为了发怒和责备别人。如果你们能摆脱世俗的是非恩怨，就能提升到一个新的境界。"

在日常生活中，只有淡泊的心态才能包容万象，只有不纠结于是非恩怨才能体验到更多的美好。成为生活的淡泊者，并不意味着消极地面对生活，而是要在生活中摆脱各种观点、想法乃至流言的束缚和灵魂的负担，轻松愉快地享受生活，以本色去展现自己的精彩人生。

生活本就一地鸡毛，何必相互怨恨

生活中会遇到各种大小的冲突和误解，过于关注这些小事，它们就会化作怨恨，怨恨越积越多，最后将我们完全包裹其中，整个人便整天活在怨恨和抱怨之中，什么理想抱负、美好人生全都化作泡影。自然界中，天空宽容雷电风暴的一时肆虐，我们才能看到晴空万里的景象；广阔的大海能够宽容惊涛骇浪的一时猖獗，我们才能欣赏到海洋的辽阔无垠。

心宽是通向幸福的途径，心窄则是引祸的原因。一个心胸豁达的人，能够让矛盾消失于无形，避免许多不必要的冲突和不好的后果。

张冰和同学刘越本是形影不离的好兄弟，两人一起大学毕业，一起进入同一家公司。一次，他俩一起去拜访一位大客户，双方达成合作意向，计划第二天签合同。两人很高兴，买来酒菜在宿舍庆贺。一不小心，张冰喝醉了，醒来后发现刘越不在。当刘越再次出现时，手里拿着一份签好的合同，这份合同正是他俩上午一起拜访的那位客户。张冰见状，心里很不高兴，问刘越为什么这样做。刘越解释说，担心出现意外，所以就提前与客户签下合同。对此，刘越还补充道："本想叫你一起去，可你怎么也叫不醒。"

如此理由显得太牵强。刘越因为签下一个大单，受到公司重用，由普通职员提拔为部门主管，半年后再次晋升，成为另一个部门的经理。而张冰，依然是个小业务员。

刘越为了私利，独吞功劳，张冰对此无法释怀。以后，张冰与刘越断绝关系，拒绝参加有刘越参与的同学聚会活动。二人在同一家公司、同一个屋檐下，每次张冰遇到刘越，不是把头转过去，就是面无表情。

其间，刘越知道自己行为鲁莽，多次找机会向张冰道歉，张冰都拒绝接受。每次想到那件事，他都痛苦不已。张冰想不通，明明是刘越做错了，受到折磨的应该是他，可为什么偏偏是自己呢？

不得已，张冰去看心理医生，向心理医生讲明事情缘由。心理医生听后告诉他：“你受到的痛苦与折磨，源于心中堆积的怨恨太多……当怨恨多了，就没有了快乐的空间。原谅同学过去的错误，也是给自己一条出路。”

经过心理医生一番开导，张冰认识到自己的不足。当刘越再找他道歉时，张冰一笑泯恩仇，随着他一句“过去的事都过去了，那段不愉快不要再提，我们以后还是好兄弟”，双方所有怨气都烟消云散。

冰释前嫌后，张冰的内心亮堂了许多，工作上也变得格外顺心。本来他的业务能力就很强，再加上刘越时常在领导面前为张冰美言，半年后张冰也得到了晋升。

在这个故事中，张冰作为受害者，对“加害者”耿耿于怀，也算人之常情。但是长期扮演受害者的角色，不利于个人的发展。后来，他选择放下怨恨，与刘越和好，自己在工作中明显有所突破，职位上有所晋升。这就说明，多一分宽容少一分怨恨，既放过了对方，也解脱了自己。何乐而不为呢?

人与人相处，如果没有宽容，关系就会紧张不堪。宽容大度，能让伤害你的人羞愧难当，同时也终结了你与对方相互报复的恶性循环。宽容大度还能带来心灵上的安宁，能让你节省宝贵的时间，把精力集中在事业上。

唐朝武则天执政时，有一位宰相名叫狄仁杰。他不畏权势，任人唯贤，为后人所敬仰。狄仁杰能够担任宰相，得益于娄师德的推荐。

娄师德一生和气，遇事从容。他的弟弟做州官时，娄师德叮嘱他遇事要忍让。弟弟问：“如果有人向我吐口水，我不去和人争吵，自己去抹掉，这算不算忍让呢?”娄师德却说：“把口水抹掉，并没有表现出反抗和不满，但还是违反了人家的本意。别人之所以吐口水，就是想羞辱你。别人没有达到目的，自然不会罢手。因此你最好的做法，就是任由唾沫自然干掉，等没人了再把它清洗干净。”这就是“唾面自干”成语的由来。当时人们听到这话，都赞叹娄师德的宽广胸怀。

他的荐才之德更令人敬佩。娄师德明白狄仁杰才华出众，是国之栋梁。在他担任丰州都督时，就曾向武则天强烈推荐狄仁杰。狄仁杰曾被冤枉入狱，武则天还是采纳了娄师德的建议，任命狄仁杰为相。

娄师德并没有告诉狄仁杰是自己举荐了他。一天，武则天和狄仁杰商量朝政时，夸奖娄师德善于识人用人。狄仁杰心中奇怪，不禁说道："臣曾与他一起共事，未曾听到过他识人用人的事情。"

武则天笑着对他说："朕能用卿，实是娄师德荐卿，难道你不知道吗？"

狄仁杰恍然大悟，自惭形秽。他对众人说："娄公德高望重，我得其容，今日始悟，实在对不起娄公。"

娄师德高尚和宽容的胸怀让狄仁杰敬佩不已，他把娄师德作为榜样，先后推荐了张柬之、姚元崇等人。当时人们都赞美狄仁杰这种效法娄师德为国选贤的崇高品格，因而有言"天下英杰，皆出公门"。

娄师德怀有天下之心，看淡个人恩怨。这是一种远见和气度，是雄心壮志的体现。从另一个角度来说，选择宽容可以让自己的内心更加明净。

一个人越是斤斤计较，心扉就越是紧闭。所谓虚怀若谷，就是去掉心中所有的私利，心胸就会越来越大。宽容作为理想人格的重要标志，被历代贤人大力提倡。越是明智的人，越是胸襟开阔、气度宽宏。

没有人生来就爱恨别人，也没有人想要为自己招惹很多敌人。正所谓相逢一笑泯恩仇，大家都互相宽容一些，再多的不愉快也会烟消云散。

将心比心，你便知道怎么宽以待人

无论在职场还是日常生活中，我们每天都需要与他人交流，稍有不慎就会出现过失。例如，一句无心的话会伤害到他人，或者原本想做一件好事，结果却把事情搞砸了，这个时候我们最希望的就是得到他人的理解和宽恕。那么，如何才能消除矛盾和误解呢？最有效的方法就是在彼此的心灵之间搭建一座桥梁。

不过，每个人对待自己的失误或过错，往往没有他人看待的那样严重，主要原因是我们经常将焦点放在他人的过错上。比如，当发现别人撒谎时，我们会指责对方的不诚实。可是，谁能保证自己从未撒过谎呢？在这种情况下，为何不能宽宏大量地对待他人呢？

鲍勃·胡佛是一位知名的试飞员，经常在航空展览中进行飞行表演。

有一天，他在圣地亚哥的航空展览结束后飞往洛杉矶，就像《飞行》杂志描述的那样，在空中300米的高度，飞机的引擎突然熄火。好在他技术精湛，驾驶飞机成功着陆，飞机虽严重受损，幸运的是没有人员伤亡。

紧急迫降后，胡佛的首要任务是检查飞机燃料。正如他预期的那样，这架“二战”时期的螺旋桨飞机，竟然加的是喷气式飞机的燃料，而不是汽油。

检查飞机后，他见到维护飞机的机械师。当胡佛走向年轻的机械师时，对方已经泪流满面，知道自己的失误差点导致3个人丧生。

任何人都能想象得到，胡佛会非常生气，对机械师进行严厉训斥。出乎所有人意料的是，他将手臂搭在那个机械师的肩上，对他说：“为了表明我相信你不会再次犯错，我希望你明天能再次为我保养飞机。”

做一个理解和接纳他人优点和缺点的人，才能赢得他人的欢迎。反之，那些只会挑剔他人，不断地批评和教训他人的人，怎么可能拥有真挚的朋友呢？

人们常用大海比喻广阔的胸怀，因为大海能广纳百川，也不排斥暴风巨浪。有句话说得好：“如果想在困难时获得帮助，就应该在平时待人以宽。”这就是说，应该接纳和团结更多的人，在顺境时共同奋斗，在困难时患难与共，从而为自己增加成功的动力，创造更多的成功机会。反过来，一个人的包容度较低，就会被大家疏远，在他通向成功的道路上，无疑给自己增加许多阻碍。

宽容代表着理解和谅解，展示出一个人的大度和高尚。它不仅是一种社交技巧，更是一种美德。然而，宽容并不是一件简单的事情。一方面，人们认为犯错误应该受到惩罚才算公正。因此，“以牙还牙”的人比比皆是，而“以德报怨”的人却寥寥无几。另一方面，由于受到一些偏见的影响，如认为宽容意味着屈服、低头是软弱的表现，等等。

北宋时，有一位名叫富弼的人，有一次有人告诉他：“有人在骂你。”富弼回答说：“可能是在骂别人吧。”那个人惊讶地问：“明明是叫着你的名字骂的，怎么会是骂别人呢？”富弼回答：“可能是在骂和我同名的人。”

那个骂他的人听到后，非常惭愧。明明是在骂他，他却认为这和自己没有关系，这使对方自动“投降”，也可以说是富弼把圆融用到了极致。富弼后来能够成为一人之下、万人之上的宰相，与他这种高超的圆融处世艺术有很大关系。不过，富弼并不是那种是非不分、只知道保护自己的人。他出使契丹时，不畏强权，拒绝割让土地；在担任枢密副使时，和范仲淹等一众大臣极力主张改革朝政，因此遭到诽谤，一度被摘下乌纱帽。

现实生活中，每个人都会遇到与他人的矛盾和冲突，处理时需要技巧和智慧。富弼为我们提供了一个很好的示例，他的人生哲学是：外在要圆融，心胸开阔，善待他人；内在要方正，坚守原则，保持自己的独立人格。

宽容是为了修补人际关系，并不等同于软弱；宽容的目标不是要明确谁胜谁负，而是要弄清问题的根源，然后积极解决；宽容不是卑躬屈膝，不是去取悦他人，而是进行有效的沟通……一旦具备这样的胸怀，相信没有什么不能解决的问题。

越舍越得

人们常言："越能放下，路越宽阔，在舍与得之间塑造美好的人生。"实际生活中，许多人无法理解舍与得之间的平衡。只有真正理解舍与得之间的关系，并能够保持平和、开放的心态，才能在舍得中获得成功，实现自己的理想。

一个农民和一个商贩一起回家，在一座山里发现一堆别人遗弃的羊毛和布匹。商贩赶紧捡起羊毛背在身上，农民拿起羊毛，觉得太重不方便赶路，就换了一些布。翻过一个山头，他们看到一些银器，农民扔掉布匹拿了一些银器，商贩身上的羊毛太重无法弯腰，但还是拿了一些银器。

两个人继续赶路，突然一场大雨降临，商贩因负重太多不停地摔倒。当他回到家里时，不但羊毛都被雨水淋湿了，那些银器也不见了，还因为淋雨得了一场重病。而农民快速回到家中，卖掉银器，过上了富足的生活。

心态平和的人知道取舍，更懂得放手。他们明白选择什么会带来什么样的结果，每个人的选择机会有限，不要贪婪地以为世界上所有的好事都会落到自己身上，这种不现实的想法只会让自己连手里的东西都失去。所以在上面的故事里，商贩抓住越来越多的东西，而农民只拿他认为最有价值的东西。看似农民得到的少，实际上他的生活比商贩更幸福。

山下住着一位以采药为生的老者。由于他从小就生活在这里，对山里的环境了如指掌。此外，这位老者还精通医术，周围的居民都找他看病，而他并不收取病人的医疗费用，只需一些粮食作为报酬即可。因此，老者在当地的口碑极佳，许多人都非常敬仰他。

这年夏天，有个孩子被毒蛇咬伤，需要一种特效草药。如果找不到这种草药，孩子将有性命之忧。老者在他常去采药的山中找了很久，也没有找到所需要的草药。这让他非常失落，在空地上休息时，突然想起小时候父亲告诉他的关于这种草药的传说。

据说这种草药非常稀有，很难在这座山中找到，但另一座山上却生长着许多。想要去那座山并不是一件容易的事情，那座山地形复杂，山上还有许多毒虫，一旦被毒虫咬伤，后果极其严重，甚至会危及生命。尽管只是一个传说，可许多年来还是没有人敢去那座山上采集草药。

当时，老者心中只有一个念头，只要能治好被毒蛇咬伤的孩子，无论自己牺牲多少休息时间、面对多少困难都无所谓。于是，老者决定去那座山上寻找草药。老者很快就来到山下，但进山没有任何道路，他完全靠自己的力量一步一步向上爬。当他气喘吁吁爬到山顶时，天色渐渐暗下来，为了能及时给孩子治病，老者加快寻找草药的步伐。当他看到一片草丛后，发现那里有很多他需要的草药，这让老者非常高兴。就在这个时候，他感到右胳膊上一阵疼痛，老者意识到肯定是被传说中的毒虫咬了一口。很快，他的右胳膊开始流血，老者虽然害怕，但头脑非常清醒，如果不及时截掉这条胳膊，后果不堪设想。于是，老者果断地将右胳膊砍了下来。

当老者返回家时，天已完全黑了下来，他忍受着截肢的疼痛，来到被毒蛇咬伤的孩子家中，给这个孩子服下草药。草药果然产生了奇迹，孩子很快从昏迷中清醒过来，老者终于松了一口气，与此同时他也昏倒在孩子的床边。善良的人们看到老者的胳膊断了一只，都流下眼泪，许多人主动要求来照顾老者，为他祈福，希望他不会有事。当老者醒来时，人们围坐在他身边，一位年龄与他相当的人拉着他的手，说："感谢您，神医，您为了救我的孙子而失去一只手臂，下辈子我愿意做牛做马报答您。"说完这个孩子的家人都跪在老者身边，感谢老者的救命之恩。

这件事在当地传开后，地方长官亲自到老者的家中进行慰问。长官被老者的精神所感动，说："您是一个为了救人而敢于牺牲自己的人，您的这种精神让我们敬仰，我将向朝廷上奏，让天下百姓都知道您这位具有牺牲精神的神医。"不久之后，这位老者接到圣旨，被召入皇宫，成为一名御医。

老者断臂救人，是舍；他的行为感人，被皇帝召入宫中成为御医，是得。有一点必须清楚，舍时不带任何功利成分，完全出于情怀和操守，才舍得坦坦荡荡、无所顾忌，完全不考虑以得为回报；如果带有功利性，即便舍了，也不一定有得，因为功利性让舍得变质变味。老者在断臂的那一刻不会想到能成为御医，没有考虑到日后能名扬四方，他当时唯一想的就是治病救人，用一条胳膊换回一条鲜活的生命，这种代价值得付出。正是基于这种信念，他的舍才换来应有的得。

有舍才有得，人生不正是舍得的过程吗？舍去一部分忧虑，就会获得快乐。不要过于留恋过去的人或事，过去的已经成为过去，舍掉之后，或许你会得到更多更大的惊喜。